Z-109144

Il n'y aura pas d'État palestinien

ZIYAD CLOT

IL N'Y AURA PAS D'ÉTAT PALESTINIEN

JOURNAL D'UN NÉGOCIATEUR EN PALESTINE

Max Milo
ESSAIS-DOCUMENTS

© Max Milo Éditions
Collection Essais-Documents, Paris, 2010
www.maxmilo.com
ISBN : 978-2-31500-138-5

Note de l'auteur

Ce livre est né d'une volonté très personnelle de témoigner.

J'ai décidé un jour de partir en Palestine, pour voir. Ma famille maternelle est originaire de là.

Parmi tant d'autres choses, j'ai découvert la maison de mes grands-parents, à Haïfa. Ma maison.
J'y ai aussi rencontré le « processus de paix ». Et je suis devenu témoin et acteur du sort réservé aux réfugiés palestiniens dans ces discussions. Et j'ai vu de près l'impossible réalisation de l'État palestinien.
Plus tard, à l'hiver 2008/2009, je me suis retrouvé impuissant face à l'expédition meurtrière de l'armée israélienne dans la bande de Gaza. Comme beaucoup, cet épisode m'a révulsé. Comme peu, j'ai eu accès à l'envers du décor.

J'ai pensé que mon devoir était de partager mon expérience en terre israélo-palestinienne. Ce livre en est l'histoire.

La moitié des droits d'auteur relatifs à ce livre sera allouée à la création d'une association pour la promotion de l'État unique israélo-palestinien.

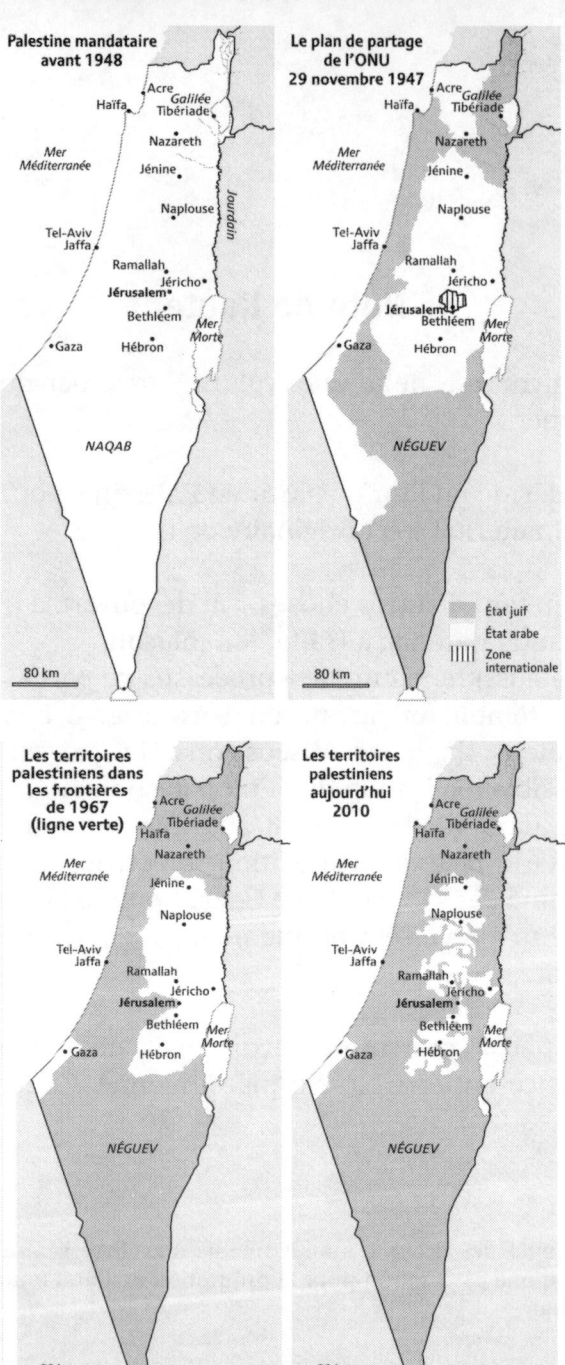

Palestine mandataire avant 1948

Acre
Galilée
Haïfa
Tibériade
Nazareth
Mer Méditerranée
Jénine
Naplouse
Jourdain
Tel-Aviv
Jaffa
Ramallah
Jéricho
Jérusalem
Bethléem
Mer Morte
Gaza
Hébron

NAQAB

80 km

Le plan de partage de l'ONU 29 novembre 1947

Acre
Galilée
Haïfa
Tibériade
Nazareth
Mer Méditerranée
Jénine
Naplouse
Tel-Aviv
Jaffa
Ramallah
Jéricho
Jérusalem
Bethléem
Mer Morte
Gaza
Hébron

NÉGUEV

État juif
État arabe
Zone internationale

80 km

Les territoires palestiniens dans les frontières de 1967 (ligne verte)

Acre
Galilée
Tibériade
Haïfa
Nazareth
Mer Méditerranée
Jénine
Naplouse
Tel-Aviv
Jaffa
Ramallah
Jéricho
Jérusalem
Bethléem
Mer Morte
Gaza
Hébron

NÉGUEV

80 km

Les territoires palestiniens aujourd'hui 2010

Acre
Galilée
Tibériade
Haïfa
Nazareth
Mer Méditerranée
Jénine
Naplouse
Tel-Aviv
Jaffa
Ramallah
Jéricho
Jérusalem
Bethléem
Mer Morte
Gaza
Hébron

NÉGUEV

80 km

I
Aéroport Charles de Gaulle
Septembre 2007

J'ai acheté un billet d'avion El Al[1].

Destination aéroport Ben Gourion. Tel-Aviv. Israël.

Il y a 60 ans, ma mère est née à quelques dizaines de kilomètres de là. À Haïfa, en Palestine.

J'ai acheté ce ticket sur Internet. Il était moins cher que ceux proposés par les compagnies aériennes concurrentes. Peu importe. Je me suis fait violence : cet achat vaut pour moi reconnaissance de l'État d'Israël. Peut-être vaut-il mieux aussi se jeter directement dans la gueule du loup : malgré un prénom à consonance arabe, je n'ai rien à cacher.

Je me suis convaincu que c'est la dimension symbolique de l'achat qui a prévalu. Israël est pour moi une réalité, un État dont je ne peux faire abstraction. J'ai été élevé et éduqué en France. Son histoire est la mienne, y compris ses pages les plus sombres : la seconde guerre mondiale, la

---

1. El Al est la principale compagnie aérienne israélienne.

Collaboration et la complicité du gouvernement de Vichy dans le génocide juif. Ces drames, je ne les ai pas connus, mais ils font partie de ma mémoire, même reconstituée.

Mon père est normand. Né à Saint-Pierre-Église, dans le Cotentin. Je connais la Normandie, son charme vert et pluvieux et ses déjeuners en famille. Par la force des choses, je ne connais pas la Palestine. J'ai eu 30 ans il y a peu. Il était temps pour moi de la connaître.

L'heure du départ a sonné. Ou l'heure du *retour*, je ne sais pas très bien. En préambule d'un séjour plus long, je compte parcourir Israël et les territoires occupés palestiniens. J'aimerais y trouver un travail. Je suis avocat. Enseigner le droit dans une université palestinienne, pendant un an ou plus, me semble être un projet sain et à ma portée.

J'ai été mis en garde par des amis israéliens. Il faut être à l'aéroport pour l'enregistrement au moins trois heures avant le départ. La sécurité d'El Al ne plaisante pas. Fort de ces recommandations, mon père a accepté de m'accompagner à Roissy aux aurores.

Il est à peine cinq heures du matin lorsque nous nous présentons à l'enregistrement de la compagnie aérienne à Charles de Gaulle. Nous sommes les premiers sur place. L'aéroport est vide. Les comptoirs ouvrent une dizaine de minutes plus tard et, avec eux, quelques petits pupitres où de jeunes employés vont se livrer aux interrogatoires de circonstance. Au milieu du vieil aéroport de Roissy, alors que le jour n'est pas encore levé, la mise en scène m'interpelle : des cordons de sécurité ont été dressés ; j'identifie des caméras au plafond. Tout ceci est un poil intimidant.

Je suis accueilli par un jeune homme poli. Il m'explique en anglais que, par mesure de sécurité, il va me poser quelques questions. Il me demande mon passeport. L'ouvre. Il prend connaissance de mon nom et me regarde dans les yeux.

« Ziyâââd ? dit-il d'un ton interrogateur.
– Ziyad Clot, je lui réponds, oui, c'est mon nom.
– Pourquoi vous rendez-vous en Israël ?
– Je m'y rends en congés. »

Les questions s'enchaînent rapidement. Il s'intéresse aux détails de mon séjour. Ai-je des connaissances en Israël ? Oui. Où est-ce que je compte loger ? Chez des amis à Tel-Aviv. Il me demande de préciser leur identité, leurs numéros de téléphone. Je lui donne ce que j'ai. Et à Jérusalem ? Je logerai à l'hôtel. Lequel ? Je lui précise l'adresse de l'auberge où j'ai réservé une chambre. Je lui montre dans mon guide de quoi il s'agit. Il examine rapidement le livre qui s'intitule : *Israël et les territoires palestiniens*. Il pointe du doigt la mention « territoires palestiniens » :

« Vous comptez aller là-bas ?
– Non. Mais je compte aussi aller à Bethléem.
– C'est dans les territoires. »

Il examine de nouveau mon passeport. Il veut maintenant savoir quel est mon métier. « Avocat » est ma réponse. Dans quel domaine ? Je lui explique vaguement ce en quoi consiste ma pratique professionnelle au sein d'un cabinet d'affaires parisien. Je ne précise naturellement pas que je suis démissionnaire. Il s'enquiert de l'identité de mes clients. Je réponds que je n'ai pas le droit de m'étendre pour des raisons de confidentialité. Je mentionne seulement que la clientèle du cabinet auquel j'appartiens est essentiellement constituée de multinationales et d'établissements financiers français et internationaux. Voilà qui devrait le rassurer.

Il aimerait que je lui remette une carte professionnelle. Je lui tends la carte du cabinet en question, ainsi que celle du barreau de Paris. Il me remercie, s'excuse et prend congé. Je le vois disparaître derrière une porte qui semble mener à un bureau, qui pourrait appartenir à El Al ou à la compagnie qui gère sa sécurité.

Le jeune homme revient vers moi quelques minutes plus tard. Il reprend le guide et me dit :

« En tant qu'avocat d'affaires à Paris, vous gagnez plutôt bien votre vie, non ? »

Le caractère incongru de la question me déstabilise un instant. Où veut-il en venir ? Je lui explique maladroitement que je n'ai effectivement pas à me plaindre.

« Je ne comprends pas, ajoute-t-il, si vous gagnez bien votre vie, pourquoi ne pas préférer un des grands hôtels de Jérusalem plutôt qu'une auberge dans la vieille ville ? »

Je lui réponds, fermement cette fois :

« Je ne crois pas avoir à me justifier de mes choix d'hôtels. Je ne vois pas très bien ce qui vous donne le droit de poser de telles questions. »

Il ne dit rien. Je me sens obligé de poursuivre :

« Très bien. Si vous voulez tout savoir, l'*American Colony*, un des grands hôtels de Jérusalem, était hors de prix. Je vais visiter Jérusalem seul. Je ne vois pas bien l'intérêt de prendre une chambre à 400 dollars la nuit.

– Bien sûr, je comprends. »

Il me quitte de nouveau. Pour rejoindre la même pièce. Je jette un regard au loin vers mon père. Plongé dans son journal, il ne me voit pas. La zone d'enregistrement est désormais animée. Nombre de mes compagnons de voyage ont déjà enregistré leurs bagages.

L'employé de sécurité revient :

« Ziyââad.
– Oui.
– Avez-vous un autre passeport ?
– Non.
– Où êtes-vous né ?
– C'est écrit sur le passeport, à Paris.
– Mais d'où vient votre prénom, ce n'est pas français ?
– Mes parents me l'ont donné, que voulez-vous que je vous dise ?
– Quel est le prénom de votre père ?
– Jean-René.
– Celui de votre grand-père ?
– René.
– Où sont-ils nés ?
– Ils sont nés tous les deux en Normandie, en France.
– Votre mère ?
– Jihan. Elle est d'origine libanaise. »

Nous y voilà… Les yeux de mon interlocuteur se lèvent vers moi. Je m'empresse d'ajouter que ma mère vit en France depuis près de 40 ans maintenant.

« Êtes-vous déjà allé au Liban ?
– Oui, mais il y a longtemps.
– Quand ?
– Juste après la guerre.

– La guerre avec le Liban, c'était l'année dernière…

– Pardon, je veux dire la guerre civile. Cela devait être en 1991 ou 1992.

– Avez-vous de la famille là-bas ?

– Non, je n'ai plus de famille au Liban.

– Parlez-vous l'arabe ?

– Non, quelques mots tout au plus.

– Avez-vous des amis libanais ?

– Quelques amis, oui. Mais la plupart vivent en France.

– Qui sont-ils ?

– Des amis de la fac, des collègues de travail.

– Je vois. »

Le jeune homme s'éloigne de nouveau. Je jette un nouveau coup d'œil vers mon père. Cette fois, nos regards se croisent. Je vais à sa rencontre pour lui expliquer la situation. Nous ne sommes séparés que par un cordon de sécurité qui délimite la zone d'enregistrement du monde libre. Il paraît inquiet. Il me fait remarquer que l'interrogatoire dure depuis près d'une heure et demie déjà. Je hausse les épaules. Je lui souris, pour tenter de le rassurer.

Je rejoins le pupitre où mon interlocuteur me retrouve un peu plus tard. Il m'explique qu'il doit appeler mes deux amis à Tel-Aviv. Je feins de ne pas comprendre. Il est à peine 6 h 30 du matin là-bas… Il m'explique qu'il n'a pas le choix et qu'il est contraint de suivre les consignes de sécurité. Je le prie d'attendre un peu avant de s'exécuter. Il me signale que plus l'heure avance plus nous prenons du retard pour l'enregistrement. Je n'ai d'autre choix que d'accepter, non sans avoir requis qu'il s'excuse auprès de mes amis.

Il s'absente de nouveau. L'agent de sécurité prend bien soin de ne pas téléphoner devant moi. Ce petit jeu est de plus en plus suspect. Il revient cinq minutes plus tard : mes amis ne sont pas joignables.

« Les gens dorment à cette heure-là... », lui dis-je.

Il réessayera une nouvelle fois, selon ses dires, toujours depuis cette pièce à l'abri des regards, qui suscite maintenant chez moi les affabulations les plus folles. Derrière cette porte soigneusement fermée en permanence, j'imagine le Mossad [2], le Shin Beth [3], la CIA, voire la NASA réunis. En train de délibérer de mon sort...

À défaut d'entretien téléphonique avec mes amis en Israël, l'employé de sécurité me demande maintenant l'autorisation de fouiller mes bagages. Je lui dis que je n'y vois naturellement aucun inconvénient. Il s'éclipse une nouvelle fois.

N'ai-je vraiment rien à cacher ? Je suis soudain pris de frissons. Mes effets personnels vont maintenant être disséqués : vont-ils confirmer les déclarations que j'ai faites jusqu'à présent ? Je tente de faire rapidement dans ma tête l'inventaire de ce qui se trouve dans mes valises. Je réalise que mes bagages contiennent un dictionnaire arabe et quelques articles que j'avais publiés dans un magazine égyptien anglophone il y a quelques années. Certains portent sur le conflit israélo-arabe.

---

2. Le Mossad est l'agence d'espionnage israélienne. Il mène des opérations secrètes de par le monde, incluant la liquidation de leaders palestiniens.

3. Le Shin Beth est l'agence en charge de la sécurité intérieure d'Israël.

Je suis coincé. Mais seul, et apparemment pas surveillé, puisque mon interlocuteur est retourné dans sa cachette où ses collègues et lui épluchent, j'en suis persuadé maintenant, toutes les facettes de ma vie. Je me rapproche de mes bagages. Je regarde à droite, à gauche, pour tenter d'évaluer rapidement la situation. C'est *Midnight Express* : le front perlé de sueur, quelques doses de haschich scotchées sur l'abdomen, je m'apprête à affronter la douane turque et moustachue. Mon cœur tambourine. J'en ressens l'écho jusque dans mes membres. Même la lumière artificielle du hall d'embarquement m'angoisse maintenant. Pourtant, à cet instant, personne ne semble se soucier de moi. J'ouvre avec un détachement feint le bagage susceptible de me causer préjudice. J'en sors un livre que je fais mine de feuilleter négligemment. En un éclair, je vide le sac des quelques documents suspects et les glisse sous ma veste.

Je bipe mon père sur son portable. Il perçoit le signal, lève la tête en ma direction et vient à ma rencontre. Je lui tends discrètement les magazines et le dictionnaire. Il me regarde l'air hagard. Nerveux, je le presse de prendre les documents et de retourner s'asseoir. Après un moment d'hésitation, il s'exécute.

J'attends mon bourreau. Je regarde l'horloge. Il est 7 h 30. Il revient enfin. Il a du nouveau à m'annoncer :

« Il y a malheureusement la queue au contrôle des bagages. Vous allez vous présenter trop tard pour l'enregistrement. »

Il marque une pause. Atterré, je suis pendu à ses lèvres.

« Vous pouvez prendre l'avion mais vos bagages suivront par un autre vol, une fois qu'ils auront été contrôlés. »

Je lui jette un regard sévère.

« Ne vous inquiétez pas. Ils arriveront sans faute avec le vol de demain. »

Il marque de nouveau un bref silence. Il se reprend :

« Non, pardon, vous les recevrez par le vol du surlendemain, vos bagages ne pourront pas partir avant. Shabbat commence ce soir donc vous ne pourrez récupérer vos bagages à Tel-Aviv que dans deux jours seulement. »

Nous nous regardons maintenant en chiens de faïence. Je décide de mettre fin à cette farce :

« Il n'est pas question que je laisse mes bagages en votre possession pendant deux jours, que je débute mon séjour en Israël sans mes affaires et que je sois contraint de repasser à l'aéroport pour les récupérer. Si c'est possible, j'aimerais maintenant récupérer mes valises et être reprogrammé sur le prochain vol. J'espère n'avoir à subir que le contrôle des bagages la prochaine fois que je me présenterai ici, puisque j'ai déjà bien voulu répondre à toutes les questions que vous avez jugé utile de me poser. »

Le jeune homme s'en va consulter ce qui semble être un supérieur hiérarchique. Après une courte discussion, ils reviennent tous les deux vers moi. Le gradé me dit qu'il est désolé de ces complications, et qu'il va se rapprocher d'El Al pour voir si mon billet peut être changé. Je hoche la tête. Il me remet finalement un nouveau ticket : je suis reprogrammé sur un autre vol deux jours plus tard, à la même heure.

« Présentez-vous bien trois heures avant l'enregis-trement », se sent-il obligé d'ajouter.

Je ravale mon énervement. Je lui demande juste de s'assurer que je n'aurai pas à subir un nouvel interrogatoire fleuve. Il me garantit que mon nom sera transmis au responsable de la sécurité du prochain vol pour que je ne perde pas de temps inutilement. Les deux hommes me saluent. Aussi absurde que cela puisse paraître, je les remercie, mécaniquement.

Je rejoins mon père. Je lui explique la situation. Il me regarde, abasourdi. Nous rentrons.

*

Deux jours plus tard, nous nous remettons en route. À une heure encore plus matinale. Nous faisons le trajet en voiture, dans un silence ensommeillé.

Je donne mon nom à l'arrivée au comptoir. Une jeune femme souriante tente d'amorcer un nouvel entretien. Je l'interromps et lui explique calmement la situation. Elle s'en remet à son supérieur, différent de celui croisé deux jours auparavant. Je vais pouvoir passer directement au contrôle des bagages. C'est un soulagement.

Il se trouve que les vérifications vont être pratiquées dans la fameuse salle dont l'accès m'a jusqu'ici été interdit. Enfin, je vais être en mesure de percer le mystère, de jauger l'appareil de sécurité israélien de l'intérieur. Je suis invité à passer le pas de la porte avec mon chariot. C'est un choc. La pièce est minuscule, presque délabrée. Je ne vois en face de moi qu'une vieille machine à rayons X. Trois sièges ont été disposés d'un côté. Le coin opposé de la pièce fait office d'emplacement dédié à la fouille au corps. Un vieux rideau accroché au plafond semble en tout cas l'indiquer.

Je m'assieds. L'officier de sécurité me rejoint et m'explique d'un ton toujours aimable qu'une première personne va d'abord se charger de la fouille au corps. Elle s'occupera ensuite en personne de la revue de mes bagages. Entre alors dans la pièce un bel éphèbe d'une vingtaine d'années. Grand, athlétique, les cheveux ras, il me salue. Dans un anglais très approximatif, il m'invite à prendre place dans le petit isoloir que j'avais identifié.

L'homme se glisse avec moi dans l'étroite cabine. Il s'exécute méticuleusement. Sans rien laisser au hasard. La palpation est réelle et complète. Seules mes parties génitales échappent aux mains expertes du garçon, qui s'intéresse jusqu'aux coutures de mon pantalon. Bizarrement, l'expérience n'est pas aussi traumatisante que je pouvais l'imaginer.

La jeune demoiselle s'attaque maintenant à mes deux bagages. Elle me demande de lui montrer tous les appareils électriques et électroniques que je détiens. Tout y passe : le téléphone portable, l'appareil photo digital et le BlackBerry, qui retient tout particulièrement son attention. Une fois de plus, c'est sans fin. Voyant l'heure tourner, je demande si quelqu'un peut prendre parallèlement en charge mon enregistrement. Elle m'assure qu'on va s'en occuper. Le passage au peigne fin du reste de mes bagages prend bien une nouvelle demi-heure. Enfin, elle m'avertit qu'elle en a terminé. Je suis chargé de refaire mes sacs.

On me remet la carte d'embarquement. Le précieux sésame à la main, je sors de la pièce et me dirige vers mon père. Celui-ci, qui m'a perdu de vue depuis un bon moment, a du mal à cacher une profonde inquiétude. Je le rassure : je vais pouvoir prendre mon vol.

Cette attente interminable lui a laissé le temps d'éplucher déjà à plusieurs reprises *Le Monde* de la veille. Le froissement du papier trahit d'ailleurs les multiples manipulations dont le journal a fait l'objet. Alors que nous sommes encore l'un en face de l'autre, juste séparés par le même cordon de sécurité, mon père me tend le quotidien qu'il me propose de lire dans l'avion. À cet instant, alors que le papier n'a pas encore souillé mes mains, surgit derrière moi l'Israélien. Le beau gosse, celui que je croyais resté dans la salle de fouille. Il interpose violemment son corps entre mon père et moi :

« Non ! Il est "clean". Il ne peut plus rien toucher ! »

Mon père et moi nous regardons. Effarés.

Je comprends alors que le grand garçon ne compte pas me lâcher si facilement. En fait, on m'a attribué une escorte. Un *escort boy*, plutôt, vu le physique avantageux du jeune homme. Il me suit maintenant comme mon ombre.

Puisque tout contact physique avec mon père est désormais proscrit, je le salue simplement d'un signe de la main, maladroit. Voilà qui vaudra guise d'au revoir. Tout le reste se fera en couple. Un couple de deux grands bruns au vague air de famille, pas si mal assorti, mais qui suscite les regards étonnés des personnes que nous croisons.

La traversée du hall de l'aéroport se fait au pas de charge. Le contrôle de mon passeport également. J'ai l'impression d'être sous tutelle. Il ne me manque plus qu'un pochon en plastique autour du cou contenant mon billet d'avion et précisant mon identité. Je voulais faire quelques achats au *duty-free*. Je voulais passer aux toilettes. Je décide de m'abstenir. Évitons l'expérience. Ma liberté de mouvement est désormais sous haute surveillance.

Je monte enfin dans l'avion. Mon escorte m'aura accompagné jusqu'à mon siège. Il me salue maintenant de la tête et s'en va. Les autres passagers me dévisagent d'un regard soupçonneux. Je fais mine de ne rien remarquer et prends place à l'endroit qui m'a été assigné. Un passager à l'air bonhomme et familier, juif sépharade à première vue, s'assied à mes côtés. Lui m'adresse un vague sourire bienveillant. Je fais de même et m'effondre quelques minutes après dans les bras de Morphée. Non sans avoir auparavant bouclé ma ceinture.

Sécurité oblige.

II

Premiers pas
Septembre 2007

L'annonce du commandant de bord me sort de mon engourdissement : « Bienvenue à l'aéroport Ben Gourion, bienvenue en Israël. » Je grimace, de manière imperceptible.

L'aéroport est moderne. Des affiches à la gloire de l'histoire de l'État hébreu ornent le long couloir qui mène au contrôle des passeports. Un buste de David Ben Gourion, le père de la nation israélienne, accueille les arrivants en Terre sainte. C'est rapidement mon tour : après deux minutes d'entretien à peine, l'officier d'immigration passe un coup de fil. On me conduit dans une salle d'attente. En compagnie d'une poignée d'autres, en majorité arabes, j'y patiente en regardant distraitement un écran de télévision fixé au mur.

Je suis appelé une vingtaine de minutes plus tard. Je passe devant un nouvel officier. Mêmes questions. Mêmes réponses. Il me demande le nom et les coordonnées de mes connaissances en Israël, qu'il va contacter. Il ajoute qu'il souhaiterait mon numéro de téléphone et mon adresse e-mail, « pour des raisons de sécurité ». Je comprends que je n'ai pas véritablement le choix et lui donne mon numéro de portable français et une vieille adresse électronique que je n'utilise plus. Je suis renvoyé dans la salle d'attente. Où j'attends, de nouveau, plus longuement cette fois.

Une femme vient enfin à ma rencontre en m'appelant, une fois encore, par mon prénom :

« Ziyâââd… »

Elle me tend mon passeport, tamponné d'un visa de tourisme de trois mois. Je peux y aller. Je suis autorisé à visiter Israël. Enfin presque : un nouveau contrôle de bagages m'attend. C'est le dernier. Ça y est, cette fois, c'est la bonne : j'ai les deux pieds en Terre sainte.

Je trouve facilement le train en direction de Tel-Aviv. Chargé comme une mule, je m'engouffre péniblement dans un wagon. Me voici soudainement nez à nez avec un collège de bidasses de l'armée israélienne. Je regarde autour de moi : dans cette voiture, les autres civils se comptent sur les doigts de la main. Passé l'effet de surprise, je trouve un siège libre au milieu de cette ribambelle de gamins vêtus d'uniformes kaki qu'ils peinent à remplir de leurs corps encore frêles. L'*uzi*, le pistolet-mitrailleur de l'armée israélienne, pend négligemment sur l'épaule de chacun de ces soldats et soldates, à peine sortis de la puberté. Ils jouent avec leurs téléphones portables. Ça badine gentiment. Ce sont des gamins.

Le train s'arrête à la station « Haganah ». Tout s'explique : il s'agit apparemment de l'un des camps de l'armée israélienne. Le wagon se désemplit en un instant.

J'arrive à Tel-Aviv sous un soleil radieux. J'y retrouve un ami israélien qui m'accueille chaleureusement. Tel-Aviv me fait une belle impression : la Méditerranée, avec un air de Californie. Ce n'est pas beau, mais il semble y faire bon vivre. Je profite de l'occasion pour me jeter à l'eau. En cette fin d'été, la plage est déserte et la baignade délicieuse.

Je n'ai malheureusement pas le temps de m'attarder. Les ennuis rencontrés avec El Al et le report de mon départ m'ont obligé à revoir mon programme. Je décide donc de quitter Tel-Aviv, la libérale, pour Jérusalem, la religieuse. Je saute dans un taxi. Direction la ville trois fois sainte.

*

Je m'interroge sur mon chauffeur de taxi. Son visage, son teint brun, ses sourcils épais, son regard foncé, son accent, tout semble indiquer qu'il s'agit d'un Arabe israélien, d'un Palestinien. Ou d'un Juif sépharade. Je ne sais pas très bien. Mon œil n'est peut-être pas encore suffisamment aiguisé. Je suis tenté d'amorcer la discussion pour approfondir la question. Mais mon taxi à l'origine encore non identifiée est pour le moment pendu à son téléphone portable avec sa mère. Et rapidement, le paysage défile. Le sommeil me rattrape.

À mon réveil, nous sommes quasiment arrivés à destination. Le chauffeur me demande où est situé mon hôtel. Je lui dis qu'il se trouve à la porte de Jaffa. « *Yaffo* », me reprend-il, en hébreu. D'un coup, mes interrogations sont levées. Notre ami m'indique qu'il est de Tel-Aviv. Il ne connaît pas bien Jérusalem. Il se crispe :

« C'est le quartier arabe là-bas ? me demande-t-il en anglais.

– Je ne crois pas, la porte de Jaffa n'est qu'une des portes de la vieille ville.

– Je ne rentre pas dans la ville arabe, moi. Je ne connais pas là-bas. C'est dangereux. »

Pour tenter de calmer son angoisse, je lui indique qu'il lui suffira de me déposer aux portes de la muraille.

Les remparts de la ville s'offrent maintenant à nous. Le taxi me dépose finalement à l'auberge, située à deux pas. Un jeune Américain à la tignasse rousse et au sourire carnassier m'accueille. Il me souhaite la bienvenue à Jérusalem, *the Holy City*, comme il dit. Je prends possession de ma chambre. Son confort spartiate, sa décoration épurée, paraissent propices à la prière ou, à défaut, à la méditation. Au train où vont les choses, celles-ci risquent de me rattraper sous peu.

Malgré la tombée de la nuit, je décide de sortir pour une courte promenade. Mon plan indique l'entrée du souk arabe à quelques pas de l'hôtel. Je m'engouffre dans une ruelle vide et mal éclairée qui a toutes les apparences d'un marché déserté. J'emprunte bientôt un passage sur la gauche. L'endroit est tout aussi calme. Je prends une autre ruelle, à droite cette fois. Mes déambulations sont soudainement interrompues par une interpellation dans une langue que je ne comprends pas. Je me retourne et vois deux militaires israéliens vêtus de gilets pare-balles et munis chacun d'un pistolet-mitrailleur. L'un d'eux se rapproche de moi et me demande, en arabe cette fois, si je suis arabe. Surpris par la question, je lui dis que je suis touriste, identité plus en phase avec mon état d'esprit du moment.

Il me dévisage de haut en bas et m'ordonne de faire demi-tour :

« C'est Ramadan. Vous ne pouvez pas aller là-bas. C'est dangereux. Pour les musulmans seulement ! »

Ces mots prononcés dans un anglais à l'accent rocailleux me laissent sans voix. Je me résous à tourner les talons et me remets en route vers l'hôtel. J'aurai bien le temps de voir la vieille ville demain.

*

Réveillé aux aurores, je décide de fuir mon hôtel au plus vite. Un groupe d'évangélistes américains ont envahi les lieux. Entendons-nous bien : j'ai le plus grand respect pour la religion et les croyants. Mon déficit de foi, triste constat après 10 ans d'éducation catholique, me mène d'ailleurs souvent à vouer une forme d'admiration un peu irraisonnée envers les personnes pieuses. Ce matin, pourtant, le brouhaha du réfectoire de l'hôtel m'agresse. Composer avec une trentaine de pèlerins aussi prompts à converser sur le Christ que je suis lent à décoller mes paupières encore scotchées par le sommeil est au-delà de mes forces.

Me voilà donc parti à l'assaut de Jérusalem, arpentant ses ruelles, plein d'entrain : dans le prolongement du quartier arménien, le quartier juif m'interpelle par sa propreté et les travaux de rénovation qui s'y multiplient. Après avoir passé un portique de sécurité, je débouche sur le mur des Lamentations qui se trouve en contrebas du Haram El Sharif musulman. Tout est résumé ici : des histoires et des religions mêlées, des batailles menées, au cœur d'un espace ridiculement étroit. La foi en moins, j'ai peur de ne pas être en mesure de ressentir toute l'extraordinaire évocation de l'endroit. À défaut, en ces lieux, j'ai un premier aperçu de la difficile cohabitation entre les communautés.

Je m'appesantis devant le mur des Lamentations. La foule rend le lieu peu propice au recueillement. Il est pourtant lumineux. Il est fascinant de voir ces croyants prier devant le Mur. La scène qui se déroule devant mes yeux est intemporelle : elle se répète depuis des années, des décennies, des siècles. À l'inverse, le Saint-Sépulcre que je rejoins un peu plus tard me déçoit. Bondé de touristes, en grande majorité sud-coréens ce jour-là, il perd tout attrait du fait du cirque qui s'y déroule. Je suis affligé par le peu de spiritualité dégagé par le site. À deux pas de là, un monastère tenu par de vieux patriarches éthiopiens est, par sa simplicité et son dénuement, bien plus évocateur. Le chemin de croix, ses petites chapelles et églises, sont également plus touchants. S'il n'était gâché par l'omniprésence de l'armée, le cheminement sur les pas du Christ en deviendrait presque signifiant.

Je déjeune dans le quartier chrétien sur une terrasse extérieure qui surplombe la vieille ville. Le dôme du Rocher, sa majesté et sa dorure, captent mon attention. Il est le point de repère le plus visible de la ville. Seule la visite de l'esplanade des Mosquées manque encore à mon baptême touristique jérusalémite. Je me remets en marche. Après quelques errements dans les lacets des ruelles, je trouve l'une des portes du lieu de culte musulman. Un poste de contrôle de sécurité israélien me fait face.

Je suis arrêté par un des deux militaires présents sur les lieux. Il m'adresse la parole en hébreu, puis en anglais. Il veut savoir où je vais. Je lui explique que je souhaite visiter l'esplanade des Mosquées. Il me demande mon passeport. Je le lui tends et il s'arrête naturellement sur mon prénom.

« Ziyâââd : arabe ? Musulman ? »

Je lui indique que mon nom est Ziyad Clot, que je suis français, né à Paris et que tout cela est écrit sur mon passeport.

Il esquisse une geste d'énervement et grommelle, plus agressif :

« Tu es musulman ? Quelle est ta religion ? »

Je lui explique que je ne vais pas à la mosquée pour prier mais juste pour visiter le site, en touriste, après m'être rendu sur le mur des Lamentations et au Saint-Sépulcre.

Il ne me lâche pas : « Mais, Ziyâââd, c'est musulman ? Ton père est musulman ? »

Je comprends alors que l'entrée n'est peut-être ouverte qu'aux croyants. Je bafouille un vague mensonge :

« Mon père est chrétien mais ma mère est musulmane.
– Fatiha, me dit-il, tu connais Fatiha ? »

Je grimace en signe d'incompréhension. Mais qui est donc cette Fatiha ?

« Fatiha ? », répète-t-il encore.

Je comprends alors que le soldat me demande de réciter la Fatiha, la sourate d'ouverture du Coran. J'ai de vagues réminiscences de la prière apprise un jour en cours d'arabe. Je commence à réciter :

« *Bissmila al Rahman al Rahim, al Hamdullilah Rabbi 'l'alamin...* »

Je m'interromps brusquement, rattrapé par un soudain sentiment d'humiliation. Le militaire israélien m'a poussé à mentir sur ma religion, à réciter une prière, pour accéder à un lieu saint musulman dont il contrôle l'accès. Je reprends mon passeport des mains du soldat. Il me regarde, interloqué.

« J'ai changé d'avis. Je ne veux plus y aller. »

Une nouvelle fois, je suis contraint de rebrousser chemin. Il est maintenant tard. Il faut que je rentre à l'hôtel. Je fais part de mon expérience au réceptionniste américain qui est surpris de mon insistance à vouloir me rendre sur l'esplanade des Mosquées. Il me précise qu'il y a sans doute des heures d'ouverture uniquement pour la prière. Il faut se renseigner. Je repère dans mon guide une autre entrée qui est ouverte au public avant la prière. Demain je me lèverai tôt pour être sûr d'y accéder.

*

Je me présente à l'entrée de l'esplanade des Mosquées située près de la porte des Lions le lendemain, bien avant l'heure de la prière. J'y retrouve cette fois trois soldats israéliens. Manque de chance, deux d'entre eux sont les mêmes que ceux rencontrés la veille. Ils m'accueillent avec un sourire en coin. Ils m'ont reconnu. Nouveau contrôle de passeport :

« Alors Ziyâââd, tu es musulman ou quoi ? »

Irrité, je réponds que, hors des horaires de prière, cette porte est censée être ouverte aux touristes. Une discussion totalement infructueuse s'engage. Je fais le pied de grue devant la porte alors que quelques Palestiniens accèdent, eux, à l'Esplanade. Ce sont des personnes âgées. Ils ne sont pas contrôlés. Je rumine, exaspéré. Le troisième militaire qui nous regardait du coin de l'œil depuis un moment vient maintenant se mêler à l'affaire. Il est beaucoup plus agressif. Son arabe est parfait. Il a l'air arabe d'ailleurs. Il m'explique que je n'ai rien à faire ici si je ne suis pas musulman. Il ajoute que, si je veux voir l'Esplanade, il faut passer par l'entrée située à côté du mur des Lamentations, comme tout le monde.

Je quitte les lieux, énervé, et décide de retourner au Mur pour emprunter ce point de passage, que je n'ai pas remarqué lors de ma visite de la veille. Là-bas, un autre soldat m'indique une passerelle suspendue, à quelques dizaines de mètres de l'entrée du mur des Lamentations. La coursive est ultra-sécurisée. J'y croise des militaires israéliens, en nombre, mais aucun touriste. Je passe sous un portique et accède finalement à l'esplanade des Mosquées, à l'issue de ma troisième tentative. Le Haram El Sharif est à ma droite, le dôme du Rocher à gauche. Entre les deux, une cour large et dégagée est plantée de quelques arbres. Je m'y arrête un instant, avant de me diriger vers l'entrée du Haram.

Alors que je m'apprête à enlever mes chaussures, je suis interpellé en arabe. Celui qui semble être le gardien de la mosquée me demande d'où je viens. Je lui dis que je suis français. Il me souhaite la bienvenue mais me demande si je suis musulman. Autant mentir au militaire ne me posait pas de difficulté, autant je suis réticent à pécher à l'entrée d'un lieu saint. Je tente de l'amadouer en lui disant que mes parents sont chrétiens, mais que nous, chrétiens, musulmans, juifs, partageons le même Livre saint. Le gardien me dévisage. Il m'oppose un refus.

J'insiste. Il se braque, nerveux, et m'ordonne de passer mon chemin.

À bout, je vais m'asseoir un peu plus loin. Je suis dépité. Trop grand, habillé à l'occidentale, j'ai l'impression d'être coupable d'un délit de sale gueule. Je jette un regard circulaire autour de moi. De l'autre côté de l'Esplanade, des enfants chahutent à la sortie des *madrasas*[4]. Plus près, deux Palestiniens, employés du *waqf*[5] sans doute, jardinent. L'un d'eux me salue d'un hochement de tête. Je saisis l'opportunité pour lui demander pourquoi l'entrée du Haram est fermée aux non-musulmans. Il me dit qu'il est désolé, mais que l'entrée est interdite aux touristes depuis la venue d'Ariel Sharon sur les lieux en 2001. La provocation avait précipité la seconde Intifada palestinienne. Depuis, le *waqf* est intransigeant : toute visite de non-musulmans ne peut se faire sans autorisation spéciale.

*

En dépit d'une frustration certaine, je me décide à rejoindre Ramallah. Je prends un taxi à la porte de Damas, côté Jérusalem-Est. Jovial, le chauffeur palestinien multiplie les salamalecs. Pour la première fois depuis Tel-Aviv, je retrouve le sourire.

Ramallah n'est qu'à une douzaine de kilomètres de Jérusalem. Elle se situe quasiment dans la continuité de la Ville sainte. À l'approche de ce qui semble être un barrage israélien, mon chauffeur fait soudainement demi-tour pour prendre une route de traverse qui descend

---

4. Les écoles coraniques.
5. Le *waqf* est l'organisme qui gère les biens religieux.

Il n'y aura pas d'État palestinien

abruptement. D'un coup, nous sortons des sentiers battus. La route, dont l'asphalte était jusqu'alors parfaitement entretenu, laisse place à un chemin anciennement goudronné où le taxi fait maintenant tous ses efforts pour éviter les nids-de-poule, malgré l'étroitesse de la chaussée et les voitures qui arrivent en contresens. Je m'enquiers de la direction prise. Mon taxi m'explique que c'est la seule route qui mène désormais à Qalandiya[6], le *checkpoint* qui sépare Ramallah de l'agglomération de Jérusalem.

La route traverse maintenant une bourgade arabe étonnamment calme. Aucun panneau, aucun signe n'indique que nous roulons en direction de Ramallah. Nous tournons à droite, puis à gauche, et tombons nez à nez avec le « mur ». Quelques graffitis ornent l'édifice de béton, massif. Nous prenons à gauche. Mon taxi me dit que le mur divise les Palestiniens en deux : il sépare les familles, empêche la circulation des travailleurs et coupe Jérusalem de Ramallah, et du reste de la Cisjordanie. Les faubourgs proches de Ramallah, situés dans la continuité de Jérusalem et qui se retrouvent aujourd'hui à l'ouest du mur, sont poussés à la désolation. Nous les longeons à présent : sur ma droite, le mur, dont la route continue de suivre le tracé, serpente pendant deux à trois kilomètres environ. Sur ma gauche, la ville, déserte, est comme morte. Seul le flux de voitures témoigne d'une activité humaine proche.

Les images du mur de Berlin, tombé le 9 novembre 1989, me viennent naturellement à l'esprit. À moitié sérieux, je demande à mon chauffeur s'il pense qu'il est possible de démolir la « barrière de sécurité » israélienne à coups de pioche. Il rit. Il me dit que je peux toujours essayer. Il s'empresse cependant d'ajouter que l'on se

---

6. Voir carte de Jérusalem-Est et ses environs p. 99.

Premiers pas

situe juste à côté d'une zone militaire israélienne. J'apprendrai plus tard que le mur est constitué de plusieurs couches de béton et de métal. Des caméras à capteurs thermiques ont également été installées pour signaler tout mouvement suspect.

Nous arrivons au *checkpoint* de Qalandiya. Cette construction, moderne, s'apparente plus à un péage, voire à un poste-frontière, qu'à celle d'un point de contrôle de sécurité. Le passage de l'autre côté du mur est un choc. Même si la continuité géographique entre les deux bords est indéniable, le premier aperçu de ce territoire laissé aux Palestiniens me donne l'impression d'un dépotoir perdu au milieu d'un environnement chaotique. Des blocs de béton et des barbelés jonchent le sol, des ordures s'amassent un peu partout. Le sens de la circulation ne répond à aucune logique apparente. Je lève les yeux et aperçois sur la gauche, perché sur le mur, un mirador israélien.

Le taxi n'est maintenant plus en mesure d'éviter les cratères qui criblent la chaussée. Les amortisseurs de sa voiture sont soumis à rude épreuve. En comparaison des belles routes israéliennes, c'est le jour et la nuit. Le trafic est totalement bloqué à cause de l'état de la chaussée. Ça coince, ça klaxonne dans tous les sens. Mon chauffeur m'explique que la route n'a pas été refaite depuis 1967, soit depuis le début de l'occupation israélienne. Les autorités de la force occupante s'y seraient toujours opposées. Ce premier tronçon de la route menant à Ramallah est toujours sous le contrôle de l'État hébreu[7]. Aussi, pour entreprendre sa rénovation, est-il nécessaire

---

7. Le processus d'Oslo a abouti à la signature en 1995 de l'accord intérimaire sur la Cisjordanie et la bande de Gaza par Israël et l'OLP.

d'obtenir une autorisation de l'état-major israélien. Mon conducteur tempère mon agacement : ce n'est pas si mal aujourd'hui. Par temps de pluie, la conduite devient quasiment impossible.

Nous passons devant des bâtiments UNRWA[8], des écoles, qui indiquent la proximité de camps de réfugiés. La route, la qualité des bâtiments et celle du voisinage s'améliorent cependant à l'approche de Ramallah. De nombreuses constructions, moches, sont en cours. À l'approche du centre-ville, la circulation devient à nouveau difficile.

Nous arrivons finalement près de la maison de Karim, un ami journaliste rencontré au Caire quelques années plus tôt. Il a accepté de me loger pendant mon court séjour ici. Mon taxi s'engage sur un rond-point qui fait face à un bâtiment flanqué d'un drapeau palestinien. La bâtisse, ridiculement petite, est le siège du Conseil législatif palestinien. L'image sonne comme un rappel : les Palestiniens sont, en termes numériques, un petit peuple. Le Conseil ne siège plus depuis de longs mois. L'essentiel des parlementaires, issus du Hamas, ont été

Aussi appelé « accord de Taba » ou « Oslo II », il a divisé les territoires palestiniens en trois zones distinctes : la zone A comprend les villes désormais administrées par l'Autorité palestinienne ; la zone B est passée partiellement sous contrôle palestinien, mais le gouvernement israélien continue d'y assumer la responsabilité de la sécurité ; la zone C dépend d'Israël seul. En 2000, à la veille de l'éclatement de la seconde Intifada, le partage était le suivant : zone A : 17,2 % de la superficie de l'ensemble des territoires occupés palestiniens ; zone B : 23,8 % ; zone C : 59 %.

8. L'UNRWA, créé en 1949, est l'office de secours et de travaux des Nations unies pour les réfugiés palestiniens dispersés au Proche-Orient. L'UNRWA officie essentiellement dans les territoires palestiniens, en Jordanie, en Syrie et au Liban.

arrêtés par le gouvernement israélien. Mon taxi s'amuse de la situation : « Inch'allah, le parlement palestinien continue de se réunir en prison ! » « Inch'allah », je lui réponds, avant de le quitter.

Je prends des nouvelles de Karim. Il a l'air heureux d'avoir fait le choix de s'établir ici et de couvrir ce conflit pour divers médias français. Je lui expose mes projets. Demain, j'ai un premier rendez-vous à l'université de Birzeit. Le jour suivant, je suis reçu pour des entretiens au sein de l'unité de soutien aux négociations (« Negotiations Support Unit ») de l'OLP, un groupe de consultants qui conseillent la direction politique palestinienne dans le cadre de leurs pourparlers de paix avec les Israéliens.

*

Le campus de Birzeit est un endroit agréable. Situé à quelques kilomètres de Ramallah, il est perché sur une colline dans un environnement verdoyant et relativement préservé. L'université a bonne réputation. Elle est jumelée avec de nombreux établissements américains, européens et arabes. Des professeurs étrangers aussi bien que palestiniens, formés aux États-Unis le plus souvent, y officient. Birzeit se veut mixte et laïque. Elle est également, avec ses syndicats et ses associations, un bon baromètre du climat politique ambiant. En février 2000, Birzeit s'est fait connaître en France par son accueil canaille du Premier ministre Lionel Jospin alors en visite dans les territoires occupés. L'aventureux avait eu le malheur de qualifier le Hezbollah d'organisation terroriste. Il était reparti fissa sous les cailloux d'étudiants échaudés.

En ce jour de septembre ensoleillé, les étudiants flânent sur le campus. La jeune bourgeoisie palestinienne est apprêtée, souvent vêtue de vêtements de marque dernier cri. Les étudiantes, sous de légers voiles ou en cheveux, le charme discret mais assumé, ne me laissent pas insensible. Le jean serré et la paire de lunettes de soleil sont de rigueur. L'ambiance est légère. Au premier abord, le lieu paraît préservé des affres de l'occupation.

Je suis reçu à la faculté de droit où je présente mon projet au doyen. Il est francophone. Je lui indique que je serais heureux de donner des cours de droit, en anglais ou en français. J'explique que mon niveau d'arabe n'est malheureusement pas suffisant pour enseigner dans cette langue. Je reste cependant confiant, persuadé d'être en mesure d'apporter un savoir et une expérience utiles à ses étudiants. Il ne fait pas de doute pour moi que les étudiants de Birzeit, fleuron des universités palestiniennes, sont en mesure de recevoir des enseignements en anglais. Mon interlocuteur, malgré une volonté évidente de se montrer conciliant, fait la moue. Il pense que ses étudiants n'ont pas le niveau pour rédiger des copies dans cette langue. Il m'indique qu'il va prendre le temps de réfléchir à ma proposition. Voyant que l'entretien n'évolue pas dans un sens très favorable, je le remercie de son temps et le salue.

Je rentre à Ramallah où je retrouve Karim et quelques-uns de ses amis. J'apprends au détour de la conversation que le Dr Haidar Abdel Shafi vient de décéder. Notable et médecin de Gaza, il était l'une des figures du mouvement national palestinien, respecté de l'ensemble de la société palestinienne, toutes composantes politiques confondues. Il lui revint la responsabilité de diriger la première délégation palestinienne – jordano-palestinienne pour être tout à fait exact –, qui put s'asseoir à la table des négociations avec les Israéliens. C'était en

1991, lors de la conférence de Madrid. Depuis, les rangs des caciques de l'OLP se sont nettement clairsemés. La politique israélienne de liquidation des chefs palestiniens, les manœuvres d'Arafat visant à isoler ses concurrents et la vieillesse ont eu raison de beaucoup d'entre eux. Aujourd'hui, tout reste pourtant encore à négocier.

*

Je suis reçu le lendemain par la Negotiations Support Unit (ou « NSU ») du département des négociations de l'OLP. Un Canadien, grand et imposant, me reçoit. Son physique un brin intimidant contraste avec son accueil convivial. Il me présente le fonctionnement de ce projet – le sien – qu'il a lancé près de 10 ans auparavant. La NSU est une branche d'Adam Smith International (« ASI »). Cette société de conseil britannique s'est spécialisée dans l'assistance dans le domaine de la privatisation et de la bonne gouvernance. Au milieu des années quatre-vingt-dix, dans le prolongement des accords d'Oslo, ASI projetait d'offrir son savoir-faire dans le cadre du développement économique des territoires palestiniens. Face à l'absence d'évolution sur le front économique, ASI dut rapidement réviser ses projets. Et quelques contacts au sein de l'OLP révélèrent un véritable besoin d'expertise juridique et politique ressenti par les dirigeants palestiniens en charge de la poursuite des négociations avec Israël. La société de conseil se mit alors en quête de professionnels palestiniens, formés à l'étranger, disposés à mettre leur cerveau à disposition du « leadership » de Ramallah. La NSU était née.

En 1999, ce qui pouvait paraître une alliance très improbable a donc vu le jour : Adam Smith International, effigie du capitalisme mondialisé, s'est mise au service de l'OLP, la nationaliste, la « terroriste » repentie. Comble de l'Histoire, la firme anglaise, avec l'aide du Foreign Office britannique, et d'autres gouvernements européens qui alimentent financièrement la NSU, était mise en position de tenter de réparer les torts commis par la « perfide Albion » et l'Europe en Palestine.

Aujourd'hui, l'unité est composée de plus d'une vingtaine d'employés : des juristes, des conseillers politiques, ainsi qu'une équipe de communication. Des Palestiniens de la Diaspora, certains Palestiniens d'Israël formés dans les meilleures universités de ce pays, quelques Jérusalémites et des Palestiniens des territoires composent l'essentiel de la NSU.

J'apprends de la bouche du directeur du projet que deux postes de conseiller juridique sont à pourvoir : l'un sur la question des frontières, l'autre sur celle des réfugiés. Je suis invité à prendre part à trois entretiens successifs en anglais. Mes interlocuteurs sont des trentenaires, tous d'un très bon niveau académique. Les questions fusent. Elles sont techniques, juridiques, voire éminemment politiques. On me soumet ensuite un cas pratique, portant sur des questions de droit international relatives au premier conflit israélo-arabe.

À la suite de cette batterie de tests, je rencontre le principal interlocuteur du projet au sein de l'OLP, M. Maen Areikat. Une berline m'attend. Un chauffeur m'accompagne au bureau de mon hôte, le vice-président du département des négociations de l'OLP (« Negotiations Affairs Department » ou « NAD »). J'éprouve un peu d'appréhension, même si ce sentiment est doublé d'une curiosité évidente. J'ai entendu tellement de choses, tellement de critiques portant sur l'OLP, sa corruption, son incompétence, que je m'attends au pire.

Je passe le pas de la porte de M. Areikat. Une croûte est accrochée au mur de son bureau. J'ai du mal à détourner mon attention de cet immonde tableau qui réalise le tour de force de figer le flot d'une chute d'eau tropicale. L'homme qui me reçoit est pourtant une heureuse surprise. M. Maen Areikat me fait plutôt forte impression. Doté d'un certain charisme, il s'exprime dans un anglais courant. Le discours est convaincant, même si l'entretien n'est en réalité qu'un long monologue de sa part. Il s'écoute parler. Une seule question m'est posée : « D'où est ta famille ? » Ma réponse sonne comme un passe-droit : « Nous sommes de Haïfa, je suis de la famille Sanbar. » Son visage s'ouvre dans un sourire. Il se lève.

Un petit éclairage s'impose sans doute ici. Avant la Nakba [9], la Palestine était, comme le Liban, un pays que l'on pourrait qualifier de quasi féodal, contrôlé par quelques « grandes familles ». À dire vrai, je n'ai jamais très bien compris ce qu'il fallait entendre par cette expression de « grande famille ». Toujours est-il que la famille Sanbar est l'une de ces familles palestiniennes dont le nom évoque quelque chose ici. Il est également connu de mon interlocuteur puisqu'un cousin, Elias Sanbar, travaille depuis longtemps pour l'OLP en France. Aujourd'hui représentant de la Palestine auprès de l'Unesco, il est également reconnu pour ses travaux sur l'histoire de la Palestine et la question des réfugiés.

---

9. Mot arabe qui signifie la « catastrophe » et fait référence à la création de l'État d'Israël et l'exode palestinien de 1948. La Nakba est commémorée chaque 15 mai par les Palestiniens.

L'entretien fini, Maen Areikat me raccompagne à la porte. Une chaleureuse tape sur l'épaule a ponctué l'évocation de ma famille. J'ai l'impression que pour lui, c'est dans la poche.

Le soir même, je suis convié par le directeur du projet au dîner annuel de la NSU. À table, je fais la connaissance de l'essentiel des employés de la NSU et de leurs conjoints. Il y a là une Américano-Libano-Palestinienne, une Américano-Syrienne, un Égyptien, des Canadiens de parents palestiniens et libanais, un Italo-Palestinien né à Dubaï, des Palestiniens de nationalité israélienne originaires de la Galilée... Ce joyeux mélange, baignant dans une ambiance décontractée, sort des meilleures écoles internationales : Harvard, Mc Gill, la London School of Economics mais aussi Hebrew University, la principale université de Jérusalem.

Ce dîner est aussi pour moi l'occasion de croiser pour la première fois le Dr Saeb Erekat. Le directeur du « NAD », c'est lui. On le présente fréquemment comme le *Chief Negotiator*, le négociateur en chef de l'OLP.

« Dr Saeb » est un homme au teint très mat. Il est de Jéricho. De taille moyenne, le front large et dégarni, il cache derrière des lunettes de petits yeux vifs et perçants. Depuis la conférence de Madrid, il a été de tous les cycles de négociations. Il avait fait sensation dans la capitale espagnole en arborant fièrement le keffieh lors des premières rencontres entre la délégation jordano-palestinienne et les Israéliens. Le chef de l'OLP, le « terroriste » Yasser Arafat, était alors *persona non grata* dans ces discussions de paix. En revêtant cette coiffe, symbole de la lutte des Palestiniens pour leur terre, Saeb Erekat affirma son allégeance aux yeux du monde, avec courage et détermination. Devenu depuis un des interlocuteurs privilégiés des Américains, il se verra affublé par Dennis Ross, ancien envoyé du président Bill Clinton pour le Moyen-Orient, du surnom de « Mister CNN » en raison de son goût prononcé pour les interventions médiatiques. Désormais proche de l'actuel chef de l'OLP et président de l'Autorité palestinienne Mahmoud Abbas [10], Saeb Erekat est membre du Fatah et gouverneur de Jéricho. Avec Maen Areikat, il est l'autre interlocuteur privilégié de la NSU. Ils ont le même patronyme, qu'ils orthographient différemment. Allez savoir pourquoi. Ce seraient des cousins éloignés.

Dr Saeb ne reste à la réception que très brièvement. C'est juste l'occasion pour lui de saluer l'ensemble des convives. Je suis introduit par l'autre Areikat, qui lui glisse quelques mots à l'oreille. Saeb Erekat est souriant, de toute évidence distrait par la bonne humeur qui émane de ce rassemblement. Nous nous serrons la main. Il me souhaite la bienvenue. Ce court échange me donne l'impression, à tort ou à raison, d'être déjà membre du clan. Je n'ai pourtant encore rien signé. On ne m'a même pas encore formellement proposé de poste.

---

10. Mahmoud Abbas est plus fréquemment appelé « Abou Mazen » (littéralement « le père de Mazen », son fils aîné) parmi les Palestiniens et dans le monde arabe. Ce deuxième patronyme est également utilisé dans la suite du récit.

III

Beyrouth, loin d'Annapolis
Novembre / décembre 2007

La NSU tarde à me communiquer une offre de collaboration. Alors que s'amorce une reprise du processus de paix entre Israël et l'OLP, ce délai me donne le temps de la réflexion.

Les 27 et 28 novembre 2007, une conférence consacrée à la relance des négociations est organisée à Annapolis, dans le Maryland, sous les auspices de l'administration américaine. Le sommet donne lieu à une poignée de main entre le chef de l'OLP et président de l'Autorité palestinienne Mahmoud Abbas et le Premier ministre israélien Ehoud Olmert. Dans une déclaration conjointe, ils conviennent d'entreprendre immédiatement des négociations bilatérales en vue de la résolution des questions du statut permanent [11] qui doit aboutir à la création d'un État palestinien avant la fin de l'année 2008.

---

11. Les questions du statut permanent ont été initialement précisées dans le cadre de la déclaration de principes signée le 13 septembre 1993 par Israël et l'OLP. En vue de la résolution définitive du conflit israélo-palestinien, ces accords fixaient un délai de cinq ans pour régler les dossiers suivants : Jérusalem, les réfugiés, les colonies, la sécurité, les frontières et l'eau.

Peut-on encore y croire ?

Après la conférence de Madrid en 1991 et les rencontres officielles qui suivirent à Washington, la déclaration de principes signée par l'OLP et Israël en 1993, l'accord de Jéricho-Gaza de 1994, l'accord de Taba de 1995, les accords de Wye Plantation et l'échec des sommets de Camp David en 2000 puis de Taba en 2001, difficile de nier qu'en Terre sainte, le « processus » a depuis longtemps pris le pas sur la « paix »…

Dès le départ, l'initiative d'Annapolis me laisse donc sceptique. Le bilan de l'administration Bush au Moyen-Orient est qui plus est désastreux. Et George W. Bush s'est révélé être un allié fidèle, constant, indéfectible, d'Ariel Sharon. Certes, le soutien de la « communauté internationale », représentée par une cinquantaine d'États à Annapolis, est réel. Mais l'Iran et le Hamas manquent à l'appel.

Pourtant, l'initiative de paix arabe, qui offre à Israël une normalisation régionale en échange du retrait des territoires occupés illégalement depuis 1967 et d'une résolution juste du problème des réfugiés, est toujours sur la table [12]. Si Israéliens et Palestiniens arrivent à un accord, elle pourrait offrir un règlement complet et durable du conflit israélo-arabe.

Vue de l'extérieur, cette nouvelle tentative de créer un État palestinien pourrait être la dernière. La poursuite de la colonisation israélienne en Cisjordanie, l'affaiblissement

---

12. Initialement adoptée à Beyrouth en avril 2002, l'initiative de paix a été signée par l'ensemble des États membres de la Ligue arabe, mais aussi par les membres de l'Organisation de la conférence islamique. À ce titre, l'Iran a également accepté les termes de cette proposition.

de l'OLP qui a perdu le contrôle de Gaza au profit du Hamas, contribuent à rendre désormais cet objectif très incertain. Ehoud Olmert fait cette déclaration à la presse qui m'interpelle : « Si un jour la solution des deux États doit s'effondrer, et nous devons faire face à une lutte pour l'égalité des droits de vote comme en Afrique du Sud (incluant les Palestiniens des territoires), alors, dès que cela se produira, l'État d'Israël sera terminé. »

Puisque chaque partie veut toujours son État propre, pour les Israéliens, comme pour les Palestiniens, le temps est compté.

Le directeur de la NSU me transmet finalement une offre. Je lui avais précisé lors de notre rencontre que j'étais intéressé par le poste à pourvoir sur les réfugiés. Après une succession de nœuds au cerveau, j'accepte finalement la proposition : à compter du 15 janvier 2008, je serai le conseiller juridique de la NSU – de l'OLP donc – sur la question des réfugiés.

Réflexion faite, vu le contexte du moment, je ne crois pas à la poursuite de négociations sérieuses. Travailler au développement technique du dossier des réfugiés, agir au soutien de la promotion de leurs droits, est en revanche une perspective qui me motive. Et puis, en dépit de toutes mes réserves, j'ai conscience que cette opportunité sera une occasion unique de voir les choses de l'intérieur.

Je me sens néanmoins incapable de m'engager dans mes nouvelles responsabilités sans avoir pris le pouls des camps de réfugiés. Quelques jours plus tard, avant mon entrée en fonction, je me rends pour un court séjour à Beyrouth.

*

Je ne me suis jamais senti totalement à l'aise au Liban. Outre ma maîtrise imparfaite de la langue arabe, je n'ai jamais eu l'impression d'appartenir à ce peuple un peu fou, aux attraits et aux charmes insensés. Entre mon identité française et un attachement à la cause palestinienne, j'ai toujours ressenti que mon lien avec ce pays était distendu, voire sujet à caution. Pourtant, même s'ils ne vivent plus ici depuis plusieurs décennies, ma mère, mes oncles et mes tantes, sont des Levantins. Ils sont citoyens libanais.

C'est la troisième fois seulement que je viens ici. La première, c'était en compagnie de ma mère au sortir de la guerre civile, en 1992 je crois. Je garde en mémoire Beyrouth ravagée, ville fantôme : ses maisons et ses commerces tenant à peine debout, les murs criblés de balles. Curieusement, il se dégageait une vraie beauté de ce délabrement. La ville touchée au plus profond de sa chair, désossée par endroits, était saisissante. Comme magnétique. Les Libanais, toujours projetés vers l'avant, commençaient déjà à parler de reconstruction. Les armes continuaient de circuler. Tandis que les forces syriennes étaient encore déployées dans le pays, l'armée israélienne restait, elle, postée dans le Sud. Tout était à refaire.

Dix ans plus tard, en 2001, lors de mon deuxième séjour, le pays était radicalement transformé. Méconnaissable. Le centre-ville de Beyrouth avait été en grande partie rebâti. Les grues s'activaient. Le Liban était en voie de reconstruction et, malgré une dette abyssale, l'avenir s'annonçait prometteur. Le Sud-Liban venait d'être libéré de l'occupation israélienne, ce qui me permettait de découvrir cette région magnifique, ses collines verdoyantes encore vierges de toute construction.

Pour la première fois, j'étais aussi en mesure d'apercevoir Israël, la Palestine de mes grands-parents. Depuis la frontière libanaise, où le Hezbollah veille au grain, je me souviens d'avoir été ému face à la Galilée voisine. J'ai compris que mes racines étaient quelque part ici, d'un côté ou de l'autre de cette ligne de front. Des deux côtés peut-être. Mais près de la Méditerranée, oui, c'est une certitude. Un court instant, j'ai trouvé ma place entre le vert de ces collines, bercées par une douce brise, et l'horizon azur. À ma gauche, le drapeau bleu ciel et blanc frappé de l'étoile de David flottait pourtant au bout de mon nez. À ma droite, l'étendard jaune et vert du parti de Dieu [13], déchiré par le vent, le narguait ostensiblement... Bizarrement, l'Histoire, les frontières, le conflit, sa folie, n'avaient à ce moment précis aucune prise sur moi. J'étais dans un environnement familier. J'ai éprouvé comme un sentiment d'appartenance.

Je me souviens aussi d'avoir été interpellé par ces villages israéliens si proches qui, telles des agglomérations de maisons de carton-pâte, s'inséraient si maladroitement dans le paysage. Le mouvement chiite libanais se présentait comme victorieux d'une guerre d'usure ayant mené au désengagement israélien de la zone. Les assises du Liban, ce petit pays toujours sous influence, restaient fragiles. Mais un vent de fraîcheur soufflait de nouveau en ce début de millénaire. Et les Libanais revenaient chez eux, toujours plus nombreux, toujours plus enthousiastes.

---

13. *Hezbollah* veut dire « parti de Dieu » en arabe.

Quelques années plus tard, la « révolution du Cèdre »[14], initiée à la suite de l'assassinat de l'ancien Premier ministre libanais Rafic Hariri le 14 février 2005, allait confirmer cette évolution. Je suivais cela de loin, mais avec intérêt. Sans tout comprendre, naturellement, car la politique interne libanaise est indéchiffrable pour le profane. Mais une chose m'apparaissait certaine : la société civile, la jeunesse, avaient alors engagé un changement inéluctable, porteur d'espérance. Comme souvent pour ce pays, béni, maudit, l'espoir allait hélas brusquement retomber.

À l'été 2006, Israël bombarde puis envahit le Liban. Une fois de plus. L'État hébreu veut affaiblir durablement le Hezbollah qui sévit toujours de l'autre côté de la frontière, et mettre fin aux tirs de roquettes sur le nord de son territoire. Je veux me rendre sur place pour aider à l'affrètement de l'aide humanitaire. Mais Beyrouth, qui n'est plus desservie par voie aérienne, est rapidement coupée du monde. Reste Damas : je suis sur le point d'acheter un billet d'avion pour la capitale syrienne quand j'apprends que la route que je souhaitais emprunter pour rejoindre le Liban est bombardée. Je constate le désastre depuis Paris, impuissant. Le Liban est renvoyé 15 ans en arrière.

---

14. La « révolution du Cèdre » est un mouvement qui a vu le jour à la suite de l'assassinat de l'ancien Premier ministre libanais Rafic Hariri et qui réclamait, notamment dans le cadre de manifestations de grande ampleur, le retrait de l'armée syrienne du Liban.

*

Cette fois, en ces derniers jours de l'année 2007, Beyrouth m'est plus familière. J'ai pris une chambre dans un hôtel de Hamra, le quartier où ma famille maternelle s'est établie après la Nakba. J'aime l'endroit. Ici, sunnites, chiites et chrétiens se côtoient. Mon hôtel est proche de l'église où mes parents se sont mariés. C'était en août 1975. La guerre civile libanaise éclatait.

La première journée de ce séjour me mène au camp de réfugiés de Chatila. Ici plane encore le souvenir des massacres perpétrés les 16 et 17 septembre 1982 : avec la bénédiction complice de l'armée israélienne alors menée par Ariel Sharon, plusieurs milliers de réfugiés palestiniens [15] furent assassinés par les milices phalangistes libanaises dans les camps de Sabra et Chatila. Un mémorial a été érigé en souvenir de ces morts. Je m'y recueille un instant. L'endroit est à vous glacer le sang. Les martyrs palestiniens, dont les photos sont accrochées par centaines, plongent leurs yeux dans les vôtres et ne vous lâchent pas. Ils vous touchent droit au cœur. Ils vous retournent le ventre. Au sein de ce sanctuaire, le traumatisme, l'odeur de mort, sont toujours là.

Un de mes oncles était représentant de l'ONU au Liban au moment de cette tragédie. Informé par une infirmière, il fut l'un des premiers à se rendre sur les lieux. Il ouvrit le camp aux journalistes. Je n'ai jamais réussi à en savoir plus. Je n'ai jamais osé demander plus de précisions, non plus. Je sais juste qu'il a envoyé son télégramme au siège de l'ONU à New York pour rendre

---

15. Les estimations du nombre de victimes des massacres de Sabra et Chatila varient de 700 (chiffre officiel israélien) à 3 500.

compte des massacres. Et qu'il a reçu instruction de quitter Beyrouth sur-le-champ, et de conduire sans s'arrêter pour Damas. Il y fut « rapatrié » vers les États-Unis, laissant derrière lui un Liban sous le joug israélien, déchiré à son tour, après la perte de la Palestine de son enfance. Il s'envola vers ce qui est devenu sa patrie d'adoption : New York et l'ONU.

Le camp de Chatila, lui, est toujours là. Je le traverse en compagnie de Roula [16], la responsable de la principale ONG qui travaille ici. C'est une femme d'une quarantaine d'années, souriante et dynamique. On a peine à concevoir que son existence consacrée à améliorer le quotidien de ce camp délabré n'ait pas plus entamé sa joie de vivre. Le camp reste un lieu à part, avec sa vie en communauté, ses codes, ses commerces.

Nous nous rendons dans la maison d'une des familles habitant Chatila. Nous y sommes reçus par une dame âgée, d'une maigreur presque maladive. Les traits de son visage sont pourtant encore d'une finesse délicate. Elle nous offre un café, des chocolats, qu'elle tient d'une boîte précieusement conservée. Roula prend des nouvelles de sa santé, de la famille. J'échange également un peu avec elle. Elle est surprise par mon arabe sommaire, teinté d'un fort accent égyptien. Je lui explique que j'ai appris la langue là-bas. Elle me sourit. Je me sens à mon aise même si ma présence semble un peu l'intriguer. Je lui dis que je me rends sous peu à Ramallah, sans entrer dans les détails. Annapolis, les nouvelles résolutions de l'administration Bush, l'État palestinien, tout ceci paraît à des années-lumière du quotidien de mon hôtesse. J'appréhende sa réaction.

---

16. Ce prénom a été changé.

À vrai dire, notre rencontre, pourtant avare de mots, me trouble : que vais-je aller faire à Ramallah ? Ne serai-je pas plus utile ici ? Au sein de cette maison, je me sens un peu honteux. Ici, je n'assume pas complètement mon choix. L'Autorité palestinienne, ses compromis, n'ont sans doute pas bonne presse ici, aux yeux des réfugiés. Mieux vaut rester silencieux. Difficile de concevoir que l'OLP à Ramallah représente encore les gens de ce camp, les Palestiniens du Liban. Eux, qui étaient le cœur de la résistance palestinienne jusqu'au début des années quatre-vingt, paraissent livrés à eux-mêmes, oubliés de tous.

La Palestinienne continue de me couver de son doux sourire. Son regard reste accroché au mien. Elle non plus ne me lâche pas des yeux.

La vieille dame me présente son petit-fils, un grand gaillard d'une trentaine d'années. Brun, les yeux très bleus, il a un teint clair de porcelaine, rayé d'une large balafre au menton. Eissam [17], c'est son prénom, s'est réveillé il y a peu. Il vient de faire sa toilette. Il nous salue chaleureusement, la poignée de main ferme, le regard franc. Il me propose une cigarette. Eissam travaille comme taxi et donne occasionnellement des coups de main à un ami garagiste. Au Liban, de nombreux emplois sont interdits aux Palestiniens. Beaucoup travaillent au noir pour tenter de subvenir à leurs besoins et à ceux de leur famille.

La discussion se poursuit. Malgré un vieux réchaud qui a passé la limite d'âge, il fait froid. Ils me racontent leur village en Palestine, leur famille éclatée, leur vie ici. Je

---

17. Ce prénom a été changé.

Beyrouth, loin d'Annapolis

leur raconte la mienne. Aux antipodes l'une de l'autre, nos destinées respectives pourraient nous éloigner. Ce n'est pas le cas. L'exil crée parfois des ponts inattendus. Dans cette pièce austère et vide, le temps est comme suspendu, rythmé par des silences assumés et des sourires, à la fois pudiques et sincères. C'est à regret que nous devons mettre fin à cette rencontre. Je m'approche de notre hôtesse pour la saluer. Je la trouve belle. Je prends le numéro de téléphone d'Eissam.

Nous terminons notre visite de Chatila par un détour dans les bureaux de l'ONG. On nous y attend et Roula ne peut me présenter les activités menées par son organisation, la faute à une panne de courant. Elles sont quotidiennes.

Autour d'un thé, Roula écoute maintenant les doléances de ses visiteurs dans son bureau. Chatila, déjà surpeuplée, doit faire face à un flux de nouveaux réfugiés en provenance du camp de Nahr El Bared. Il y a quelques mois, cet autre camp a été le théâtre de violents affrontements entre l'armée libanaise et le mouvement islamiste radical Fatah El Islam. À la suite de ces combats, le camp de Nahr El Bared a été rasé par l'armée, ce qui a causé la mort de dizaines de civils et le départ forcé de quelques dizaines de milliers de réfugiés palestiniens.[18]

---

18. Situé près de Tripoli, au nord du Liban, le camp de Nahr El Bared a été fondé en 1949 à la suite du premier exode palestinien. Jusqu'à fin mai 2007, il abritait environ 31 000 réfugiés. Le 20 mai 2007, le camp est bombardé par l'armée israélienne dans le cadre de représailles visant la faction extrémiste Fatah El Islam. Le groupuscule islamiste avait auparavant tué 20 soldats libanais dont les assassins, réfugiés dans le camp, refusaient de se rendre. Dans un premier temps, 10 000 réfugiés fuient les combats et rejoignent d'autres camps. Le dimanche 15 juillet, pour la première fois depuis plus de 37 ans, l'armée libanaise prend la décision de pénétrer dans ce camp. De

Les visiteurs du jour se succèdent un à un. Tous sont originaires du camp détruit. Un vieil homme, coiffé du keffieh, pleure. J'ai peine à le regarder. Je crois que le désarroi des anciens est le plus désarmant, leur tristesse, la plus inconsolable. Eux savent qu'il est trop tard pour espérer. Deux petites filles l'accompagnent. Assises, elles restent silencieuses, les yeux grands ouverts.

Je comprends que l'ONG ne peut pas grand-chose pour améliorer leur sort. Je reste jusqu'à l'audience du dernier de ces visiteurs. J'aimerais croire que c'est par politesse, par respect pour ces gens. La vérité est que je suis scotché à mon siège, plombé par la pesanteur de l'instant. Admiratif, aussi, du travail de ces personnes de caractère, bénévoles, qui consacrent leur vie à tenter de rendre celle de leurs compatriotes moins misérable. Je me sens tout petit face au dévouement de Roula. Il ne s'agit pour elle que d'une journée parmi tant d'autres. Une journée de plus. Soixante ans, cela fait près de soixante ans que de bonnes âmes portent secours à ces exilés qui ont perdu leur maison, leur patrie, qui ont été souvent séparés de leur famille. Une fois, deux fois, quelquefois plus... La famille, découpée à l'infini.

Ma journée s'achève dans un café de Raouché, au bord de la mer, un narguilé à la main, le goût du marc de café à la bouche. Entre la vie, la survie du camp et l'assoupissement devant la Méditerranée, il manque

---

violents affrontements s'ensuivent. Le dimanche 2 septembre, l'armée annonce avoir le camp sous contrôle. Selon le bilan officiel, les combats auraient fait au moins 244 morts côté palestinien (dont 222 « activistes ») et causé 163 pertes dans les rangs de l'armée libanaise. Une vingtaine de combattants islamistes auraient réussi à s'échapper. Le camp, lui, a été totalement détruit, vidé de ses biens et de ses habitants.

peut-être une transition. Mais ma journée n'en comptait pas. Le Liban ne sait pas les ménager. Les images de Chatila se bousculent encore dans ma tête. Seule la contemplation du soleil couchant, ses reflets sur les vagues qui se perdent au large, m'apporte un brin de sérénité. À quelques mètres de moi, les convives d'une table bruyante achèvent ce qui semble être un déjeuner qui s'est éternisé. Quatre couples de trentenaires échangent dans les rires et la bonne humeur. Les femmes sont apprêtées. Elles ont les lèvres déformées par le botox. Chatila n'est qu'à quelques kilomètres des exclamations de la jet-set beyrouthine. Ainsi va le Liban.

*

Le lendemain, je prends un taxi pour me rendre au sein des locaux d'UNRWA. Mon accent suspect, ma silhouette longue, ma barbe fine et mon costume sombre persuadent mon chauffeur chiite que je suis un frère de Téhéran. Notre discussion, triviale, m'amuse.

Ma rencontre avec le directeur de l'UNRWA au Liban sera moins exaltante. Comme savent si bien le faire les fonctionnaires onusiens, il me présente en des termes techniques, précis, presque aseptisés, la situation des camps dans le pays. Son ton, calme et mesuré, tranche avec la description qu'il dresse de la réalité du terrain. Elle est catastrophique. Nahr El Bared est naturellement son souci principal : environ 30 000 réfugiés palestiniens sont aujourd'hui perdus dans la nature, au Liban, sans toit, sans foyer et sans moyens de subsistance. Le sort des autres camps n'est pas plus rassurant. Il me déconseille de me rendre dans la plupart d'entre eux. La situation est selon lui tendue ces temps-ci. Il ajoute qu'UNRWA n'est pas au mieux financièrement. En bref, l'avenir des réfugiés palestiniens du Liban inquiète.

Les couloirs de l'agence onusienne sont décorés de photos qui illustrent le travail mené depuis 60 ans. Certains clichés noir et blanc datent des années 1949-1950 : les camps n'étaient alors que des successions de tentes montées à la va-vite pour parer à l'urgence de l'exil forcé des Palestiniens. Elles devaient disparaître avec le retour des réfugiés.

« Il y a lieu de permettre aux réfugiés qui le désirent, de rentrer dans leurs foyers le plus tôt possible et de vivre en paix avec leurs voisins... »

Ainsi dispose la fameuse résolution 194, votée par l'Assemblée générale de l'ONU le 11 décembre 1948. Elle incarne le fameux « droit au retour » des réfugiés palestiniens [19]. Depuis 60 ans, la nécessité de réparer l'injustice initialement commise est cependant passée peu à peu au second plan, au gré des nouvelles urgences, des nouvelles priorités que la lente dégradation du conflit israélo-palestinien génère au quotidien. Le destin tragique du comte Folke Bernadotte, premier médiateur nommé par l'ONU pour tenter de régler le conflit

---

19. Le droit au retour trouve sa source dans diverses conventions internationales. Parmi elles, l'article 13-2 de la Déclaration universelle des droits de l'homme de 1948 le définit comme suit : « Toute personne a le droit de quitter tout pays, y compris le sien, et de revenir dans son pays. » L'article 12-4 du Pacte international relatif aux droits civils et politiques de 1966 stipule, lui, que : « Nul ne peut être privé du droit d'entrer dans son propre pays. » L'article 5 (d) (II) de la Convention sur l'élimination de la discrimination raciale de 1965 garantit : « Le droit de chacun à l'égalité devant la loi sans distinction de race, de couleur ou d'origine nationale ou ethnique, notamment dans la jouissance des droits suivants : [...] (d) (II) Droit de quitter tout pays, y compris le sien, et de revenir dans son pays. »

israélo-arabe, est tombé aux oubliettes de l'Histoire. Ses mises en garde restent pourtant d'actualité. Son itinéraire demeure éclairant.

Le diplomate scandinave avait acquis une reconnaissance certaine à la fin de la seconde guerre mondiale en organisant avec succès une opération de sauvetage de déportés juifs norvégiens, danois et français. Il sauva ainsi 15 000 personnes de l'enfer des camps de concentration nazis. Bernadotte était un Juste.

Le 20 juin 1948, à la suite des affrontements suivant le plan de partage de la Palestine, Bernadotte est investi d'une charge immense : faciliter la cessation des combats et superviser la mise en application du partage territorial. Le 16 septembre de la même année, il soumet ses recommandations au Conseil de sécurité. Ses conclusions ne sont rendues publiques que le 20 septembre. Son sort, lui, sera soldé dès le 17 : Bernadotte, accompagné d'autres employés des Nations unies, procède alors à l'inspection de divers établissements de l'ONU et de la Croix rouge dans le secteur juif de Jérusalem. Les trois véhicules de la délégation onusienne sont arrêtés par une jeep israélienne. Trois hommes en sortent et arrosent le convoi de balles. Bernadotte, grièvement touché, succombera à ses blessures.

Difficile d'oublier les recommandations du diplomate suédois et ces mots concernant les réfugiés :

« Ce serait une offense contre la justice élémentaire si ces victimes innocentes du conflit se voyaient refuser le droit au retour dans leurs foyers tandis que les immigrés juifs affluent en Palestine et, en effet, menacent d'un remplacement permanent des réfugiés arabes qui étaient enracinés sur cette terre depuis des siècles. »

Pour le Juste, « aucun règlement ne peut être juste et complet si l'on ne reconnaît pas le droit des réfugiés arabes de revenir dans leurs foyers ».

De 1947 à 1949, plus de 726 000 Palestiniens, chrétiens et musulmans, sont devenus réfugiés après avoir été expulsés ou avoir fui les combats qui se sont déroulés avant et après la déclaration d'indépendance de l'État d'Israël[20]. Pendant la guerre de 1967, plus de 200 000 autres Palestiniens furent contraints de quitter leurs foyers en Cisjordanie et dans la bande de Gaza (200 000 autres, déjà déplacés une première fois en 1947-1949, étant contraints à un nouvel exil). Ni les réfugiés de 1948, ni les personnes déplacées en 1967, n'ont été autorisés par Israël à retourner dans leurs maisons situées désormais soit dans ce pays, soit dans les territoires occupés. Depuis, les mesures d'éloignement visant les Palestiniens dans les territoires se poursuivent : révocations de titres de séjour, destructions de maisons, confiscations de terres...

Au fil de ce conflit, le provisoire paraît devenir permanent. En Israël, les immigrants juifs ont remplacé les réfugiés palestiniens. Là-bas, sur les vieilles pierres de villages palestiniens rasés, des jardins publics et des forêts domaniales ont souvent été aménagés. Et l'UNRWA

---

20. Sur les causes génératrices de l'exode palestinien, après des décennies de controverses, les travaux des « nouveaux historiens » israéliens sont venus largement confirmer le récit palestinien. Voir par exemple : Pappé (Ilan), *Le Nettoyage ethnique de la Palestine*, Paris, Fayard, 2008. Au demeurant, il est important de noter que les différentes lectures des événements de 1947-1949 sont sans conséquence sur la validité du droit au retour. Au regard du droit, une personne doit être habilitée à retourner dans son foyer quelles que soient les raisons qui ont pu motiver son départ.

est devenue une institution, désormais sexagénaire, qui opère en Cisjordanie, à Gaza, au Liban, en Syrie et en Jordanie. Les réfugiés, désormais près de sept millions[21], vivent pour la plupart à moins de 100 kilomètres de la frontière israélienne. Les tentes ont laissé place à des camps, souvent construits en dur. Les Palestiniens n'ont pas oublié leurs villages d'origine. Ces camps ont toujours en principe vocation à disparaître. Les réfugiés ont toujours l'espoir de rentrer chez eux. C'est leur droit[22].

Je me suis un peu oublié dans les couloirs des bureaux de l'UNRWA. Sur les murs, d'autres photos plus récentes, en couleur cette fois, montrent des enfants jouant dans les camps. Ils y sont nés. Leurs yeux, grands, noirs, quelquefois bleus ou verts, respirent l'innocence. Mais la force de ces regards m'interpelle et je ne peux occulter leur sort : *Ici, comme partout, les enfants jouent, ils rient, ils pleurent. Mais leur avenir, où est-il ? Est-ce dans ces camps qu'ils vont devoir faire leur vie ?*

---

21. Les réfugiés palestiniens et leurs descendants constituent la plus large et ancienne population de réfugiés au monde. Elle se décompose ainsi :
   a) 4,5 millions de « réfugiés de 1948 » enregistrés auprès de l'UNRWA ;
   b) 1,5 million de « réfugiés de 1948 » qui n'y sont pas répertoriés parce qu'ils ne sont jamais enregistrés auprès de l'UNRWA ou parce qu'ils n'avaient pas besoin d'assistance au moment où ils sont devenus réfugiés ;
   c) 950 000 personnes déplacées à la suite du conflit de 1967.
22. Le droit au retour est fondamentalement le droit ouvert au réfugié de choisir ou non de retourner dans son foyer au sein de son pays d'origine. La nature de ce droit individuel rend sa négociation d'autant plus difficile quand on sait que le gouvernement israélien est opposé à un retour massif des réfugiés palestiniens au sein de territoires aujourd'hui situés en Israël, et alors que le choix personnel de chaque réfugié doit être respecté.

Je dois rencontrer cet après-midi une amie dans le port de Byblos, au nord de Beyrouth. J'ai appelé Eissam pour qu'il m'y emmène. Il me retrouve à la réception de l'hôtel, en retard. Après une chaleureuse accolade, il m'arrache les valises des mains. Il refuse de me laisser porter le moindre sac. Le personnel de l'hôtel nous regarde d'un air hébété : la dégaine d'Eissam, ses allures de cow-boy, expliquent sans doute leur surprise. En réalité, il y a plus, et je comprends mieux leur réaction en apercevant sa voiture : une épave. Il faudrait un miracle pour que l'antique Mercedes qui lui sert de véhicule nous amène à bon port...

Nous nous mettons en route. Je suis heureux de revoir Eissam. Lui aussi apparemment. Il me propose un café. Il insiste. Nous nous arrêtons donc pour prendre un *kawa* que nous buvons en chemin. Il veut absolument me l'offrir. Je n'ai pas mon mot à dire. Soit. Mon capuccino est infect. Je me force à le boire, pour ne pas le vexer. Sa conduite est lente et erratique à la fois. Le moteur de sa voiture crache ce qui lui reste de poumons.

J'ai besoin d'aller aux toilettes. À peine partis, nous voilà contraints de nous arrêter à nouveau. Je sais d'ores et déjà que je ne serai pas à l'heure pour mon rendez-vous. Cet arrêt est malheureusement incompressible. Et Eissam est très fier de m'annoncer qu'il connaît les toilettes les plus propres de Beyrouth. Je le regarde, un peu intrigué. Il lui arrive fréquemment de se laver aux toilettes du *McDonald's*. Gêné, je fais mine de trouver ça normal. Je hoche la tête. On s'arrêtera donc au « McDo », qui est propre, effectivement. Moins insalubre que le camp de réfugiés de Chatila, c'est une certitude.

De retour dans la voiture, une grande discussion s'engage. Eissam a décidé de me raconter sa vie. La course en taxi s'apparente dès lors à un voyage, mené à faible allure, au rythme de son histoire. Il roule au pas sur la voie de droite de l'*autostrade* libanais qui longe la côte, oubliant presque de regarder la route, ce qui me crispe un peu.

La famille d'Eissam est originaire d'un petit village de Galilée, proche de Haïfa. Ses parents étaient paysans. Lui n'a pas connu la Palestine, ni Israël. De la Palestine, il ne connaît que les camps du Liban, Chatila, en particulier. Il y est né. Il y a une dizaine d'années, il a obtenu un visa pour le Danemark. Il se remémore son séjour là-bas avec amusement. C'était pour lui un autre monde. Il voulait y rester. Mais son visa n'a pas été renouvelé. Après s'être fait remarquer dans une boîte de nuit à Copenhague, il a été arrêté. Et on l'a renvoyé chez lui, dans son camp. Depuis, sa vie de fortune et de petits boulots a repris. « C'est comme ça... », me dit-il. Il ne paraît pas nourrir d'aigreur particulière vis-à-vis de son expérience européenne. Bien au contraire, il n'en garde que de bons souvenirs. Le reste semble oublié.

Le sourire aux lèvres, il me relate une balade épique au large des côtes danoises. Lors d'un court séjour estival passé à la plage à draguer les filles, il se met en tête de louer une barque avec des amis palestiniens en visite. À huit dans le petit bateau, les copains passent l'après-midi à picoler sous le soleil, avant de s'endormir, tous, ronds comme des queues de pelles. Leur réveil, douloureux, est précipité par le coucher du soleil et le refroidissement de l'air. La barque a dérivé au large ; les rames, laissées dans l'eau, ont été perdues. L'équipage commence à paniquer. Les copains à bord ne savent pas nager. La côte n'est plus visible à l'horizon. Alertés par des proches restés sur la plage, les garde-côtes locaux viendront heureusement au secours de nos pieds nickelés. Eissam rit de bon cœur de son histoire. Son rire est communicatif. Je ris aussi.

Nos éclats de voix masquent un peu le bruit du moteur, mais ne font pas avancer la Mercedes plus vite. Je me résous finalement à lui dire que je suis en retard. Grave erreur : son visage se tend, d'un coup. Ses mains remontent sur le volant. Ses yeux oublient ma présence. Eissam est désormais en mission. Le moteur est prêt à exploser, mon cœur sur le point de lâcher. Seul le fait qu'il fixe enfin la route après avoir conduit pendant près d'une demi-heure à l'aveugle me rassure, un peu. On ne dépasse pas les 70-80 kilomètres-heure pour autant. Maintenant qu'il est lancé, je n'ai pas le cœur de le freiner. Notre sort est entre les mains de Dieu.

Quelques dizaines de minutes plus tard, nous arrivons enfin au port de Byblos. Sains et saufs. J'aperçois mon amie. Eissam m'aide à sortir les bagages de la voiture. Je sors de l'argent de ma poche pour le régler. Il réagit violemment : il refuse que je le paie ! J'insiste. Il ne cède pas. Le ton monte. La scène est surréaliste. Il est prêt à en venir aux mains. Je suis désespéré. Que faire ? Je n'ai pas d'autre choix que de le remercier. Nous nous serrons dans les bras, jusqu'à l'étouffement. Je promets à Eissam de revenir bientôt.

*

Je profite de mes derniers jours à Beyrouth, de ses restaurants, des soirées à Gemmayzé, l'endroit branché du moment. Je partage des instants un peu trop courts avec quelques amis. Je n'ai plus de famille ici non plus. Je me surprends à passer mes dernières heures à flâner dans les rues de la capitale au son de Fairuz[23]. J'écoute la voix du Liban en boucle. Je suis enivré, porté par la légèreté et la puissance de sa musique, envoûté par le phrasé parfait de la chanteuse. Je me laisse aller au gré des parfums de cette ville d'Histoire, d'histoires et de tragédies. Les quartiers témoignent encore des blessures de guerres et des rivalités libanaises. Je me remémore les écrits du poète Mahmoud Darwish[24] aussi, les récits de la guerre du Liban, du siège de Beyrouth en 1982.

Après le massacre de Septembre noir[25], en 1970, l'OLP avait été forcée de quitter la Jordanie pour le Liban. Poussé vers un nouvel exode après le siège de Beyrouth par l'armée israélienne en 1982, Arafat et ses hommes partirent pour Tunis. Beaucoup tomberont en chemin. La majorité des survivants de cette génération est aujourd'hui à Ramallah. Il s'agit d'un retour en Terre promise pour certains. D'un nouvel exil pour beaucoup d'autres.

---

23. Fairuz est une des plus célèbres chanteuses libanaises.

24. Mahmoud Darwish (1941-2008), poète mondialement connu, était aussi une des figures palestiniennes les plus respectées. Il incarnait mieux que quiconque l'exil et la dépossession ainsi que les espoirs de retour du peuple palestinien.

25. « Septembre noir » est à la fois le nom du massacre des Palestiniens par les troupes du roi Hussein de Jordanie survenu en septembre 1970 et celui de l'organisation créée par le Fatah qui, en guise de représailles, mena des opérations terroristes à travers le monde.

IV

Ramallah
Janvier / février 2008

Je me suis résolu à élire domicile à Ramallah.

Mon choix initial portait sur Jérusalem-Est. Capitale annoncée du futur État palestinien, il me semblait naturel de résider dans la Ville sainte. « Ville morte » m'a-t-on rétorqué, contrôlée par les Israéliens. Déprimant, à éviter. Les loyers qui y sont pratiqués, l'éloignement de mon lieu de travail et les incertitudes liées au franchissement quotidien du *checkpoint* de Qalandiya, auront achevé de me convaincre : Jérusalem-Est comme capitale, ce n'est pas pour demain. Pour l'heure, j'ai capitulé, sans doute un peu vite.

Pour beaucoup de Palestiniens, comme pour moi, Ramallah est donc un choix par défaut. Cette bourgade aux nombreuses églises, perchée sur les collines, était un lieu de villégiature apprécié dans la région pour son climat frais. Depuis que l'Autorité palestinienne s'y est établie au milieu des années quatre-vingt-dix, l'agglomération a explosé. Située à quelques kilomètres – et un mur – de Jérusalem, Ramallah est aujourd'hui une ville animée, congestionnée, bruyante. La petite bourgeoisie chrétienne, désormais minoritaire, se mêle à une classe moyenne musulmane, plus nombreuse. À cette population locale s'ajoute la communauté expatriée que l'on croise sur un territoire réduit, proche du centre-ville, parsemé de quelques bars et restaurants. On y boit de l'alcool. On y danse, à l'occasion.

De l'avis de tous, Ramallah est une bulle au sein de la Palestine occupée. Ici, au premier abord, on ne ressent pas l'occupation israélienne. On suffoque en revanche rapidement. Le besoin de s'échapper de cette cellule vous happe. Et, à la sortie de la ville contrôlée par les forces de sécurité de l'Autorité palestinienne, on est rattrapé par l'occupation, les contrôles, les *checkpoints* et le lot de souffrances quotidiennes qui y sont attachés.

J'ai emménagé dans un appartement proche du camp de réfugiés de Qadoura, à cinq minutes du centre-ville. L'endroit ne paie pas de mine. La décoration est même d'un réel mauvais goût. Mais c'est un bon compromis : entre la proximité des réfugiés et celle du centre, je crois avoir trouvé ma place. J'ai identifié les commerces alentour, le vendeur de jus frais, le boulanger. J'ai trouvé une salle de sport où la jeune bourgeoisie de Ramallah sue au son de refrains sirupeux et autres remix barbares du moment. La nourriture servie ici n'est certes pas folichonne, mais deux ou trois restaurants sortent un peu du lot. Et puis j'ai trouvé une femme de ménage : Nahla[26]. Petit bout de femme énergique d'à peine plus de 1,50 mètre, Nahla est légèrement voilée. Elle est tout aussi légèrement moustachue. Elle cuisine divinement bien. Ma survie est assurée.

---

26. Ce prénom a été changé.

Mon intégration au sein de la NSU se fait de manière très naturelle. Le processus de négociations lancé à Annapolis en est à ses balbutiements et l'objectif est de me rendre opérationnel au plus vite. En ce début d'année 2008, le principal souci du côté de la direction palestinienne de Ramallah est la poursuite de la colonisation israélienne des territoires occupés. Le moins que l'on puisse dire est qu'Ehoud Olmert n'a pas froid aux yeux : le 5 décembre 2007, à peine plus d'une semaine après s'être engagé à poursuivre des négociations de bonne foi avec l'OLP à Annapolis, le Premier ministre israélien a annoncé la construction de 307 nouveaux logements à Har Homa[27], une colonie israélienne de Jérusalem-Est. L'OLP n'a pas été en mesure d'obtenir le gel des constructions juives en territoire palestinien qu'Israël poursuit envers et contre tout. La colonisation, la confiscation illégale de nouvelles terres, la destruction de maisons palestiniennes se poursuivront donc, parallèlement au « processus de paix »…

Face au nouveau cycle de négociations qui se met en place, les jeunes talents de la NSU venus des quatre coins du globe partagent les mêmes craintes, nombreuses. Le plus inquiétant tient sans doute au fait que les Palestiniens restent écartelés entre Gaza et la Cisjordanie, entre le Hamas et le Fatah. La direction de la NSU et ses bailleurs de fonds européens voient les choses très différemment : après des années passées à préparer les dossiers, on va enfin négocier le statut permanent de la Palestine ! Au sein de l'OLP, à Ramallah tout du moins,

---

27. Voir carte p. 99.

l'engouement manifesté est assez similaire. À Oslo, l'OLP s'était engagée dans la logique de la construction d'un État. Avec l'enlisement du processus de paix, puis la seconde Intifada, ce projet est resté au point mort de longues années. Le processus d'Annapolis est donc le wagon à ne pas louper.

Le pari de l'OLP m'apparaît peu à peu plus clairement : parvenir d'ici à la fin de l'année à un accord de paix avec Israël susceptible d'être accepté par les Palestiniens par voie de référendum, afin de permettre la création prochaine d'un État palestinien viable et souverain à Gaza et en Cisjordanie. C'est ainsi que l'Autorité palestinienne espère recouvrer sa légitimité auprès de son peuple. En cette année 2008, l'OLP, qui a perdu le contrôle de Gaza, joue en fait son va-tout.

Le 17 décembre 2007, lors d'une grande conférence de donateurs organisée à Paris, Salam Fayyad, le Premier ministre palestinien, a présenté à ses partenaires internationaux sa vision du futur État palestinien :

« La Palestine est un État arabe indépendant et souverain en Cisjordanie et dans la bande de Gaza, déterminé par la frontière de 1967, avec Jérusalem-Est comme capitale. La Palestine est un État démocratique stable qui respecte les droits humains et garantit l'égalité des droits et des devoirs pour tous ses citoyens. Son peuple vit en sécurité dans un environnement sûr soumis à la règle de droit, et il promeut l'égalité entre les hommes et les femmes. C'est un État qui valorise au plus haut point son capital social, sa cohésion et sa solidarité, et s'identifie à la culture arabe palestinienne, ses valeurs humanistes et sa tolérance religieuse. Il s'agit d'un État progressiste qui valorise les relations cordiales avec les autres peuples et États de la communauté internationale. Le gouvernement palestinien est ouvert, inclusif, transparent et responsable. Il est redevable des besoins de ses citoyens, fournit les services de base de manière efficace et permet l'établissement d'un environnement propice au développement d'un secteur privé prospère. Les ressources humaines de la Palestine sont la force motrice de son développement national. L'économie palestinienne est ouverte aux autres marchés et vise à fournir des produits et services compétitifs, à forte valeur ajoutée, et sur le long terme, aspire à devenir une économie basée sur le savoir. »[28]

Un mois plus tard, Fayyad obtient finalement 7,7 milliards de dollars de promesses de dons pour mener ce projet à bien. L'Autorité palestinienne en avait réclamé 5,6 milliards.

Les Israéliens partagent-ils la même ambition ?

Si Ehoud Olmert, comme Ariel Sharon, a déclaré par le passé accepter l'idée d'un État palestinien, force est de constater que jamais un dirigeant ou gouvernement israélien n'a affirmé son engagement à l'établissement d'un État palestinien « indépendant et souverain, sur les frontières de 1967, avec Jérusalem-Est comme capitale ».

Au regard de ce que je vois depuis mon arrivée ici, c'est plutôt l'emprise militaire israélienne qui conditionne le passé, le présent et le futur des Palestiniens. Outrancières, les violations par Israël de ses obligations internationales dictent en effet la réalité du quotidien palestinien. Le

---

28. Présentation tirée du document de l'Autorité palestinienne en date du 17 décembre 2007, « Construire un État palestinien : vers la paix et la prospérité » (traduction libre de l'anglais).

nouveau processus de paix n'y change pas grand-chose, bien au contraire.

L'autre jour, une fois n'est pas coutume, j'avais deux heures à tuer. Je me suis lancé dans la lecture d'un rapport de la NSU faisant le point sur les violations israéliennes de la Feuille de route[29] depuis le sommet d'Annapolis ; c'est-à-dire depuis l'engagement des parties à négocier de bonne foi, dans le respect de leurs obligations internationales. Je n'en ai pas cru mes yeux[30]. Ça m'a coupé le sifflet : le rappel à la loi a-t-il un sens quand on sait que sa violation sera dépourvue de sanction ? La question mérite d'être posée. À force, on a d'ailleurs tendance à oublier le droit. Même moi, l'avocat.

Ce que je n'arrive pas à occulter en revanche, ce sont toutes les violences que les Palestiniens subissent encore après 40 années d'occupation, près de 60 ans après la Nakba. J'avoue : après seulement quelques semaines ici, je n'arrive pas à concevoir par quels ressorts, physiques et mentaux, ce peuple survit encore. Je crois que le quotidien des territoires me rattrape. Déjà.

*

---

29. La « Feuille de route » (Road Map) est une initiative de l'administration Bush qui a été endossée par le Quartet (ONU, UE, États-Unis, Russie) le 30 avril 2003. Elle a vocation à aboutir par étapes au règlement du conflit israélo-palestinien, sur la base de la coexistence de deux États. Elle comporte des étapes claires, un calendrier et des critères destinés à encourager les progrès par des mesures réciproques des deux parties portant sur les domaines politiques et économiques, ainsi que dans le cadre du développement des institutions palestiniennes.
30. Les chiffres présentés dans le rapport valent pour la période allant du 27 novembre 2007 au 27 janvier 2008. Dans le cadre de la Feuille de route, le gouvernement d'Israël s'était engagé à geler toutes

les activités de colonisation en Cisjordanie – ceci inclut Jérusalem-Est et la croissance naturelle des colonies. Annoncé début décembre, l'appel d'offres concernant la construction de 307 nouvelles unités d'habitation à Har Homa a bien été confirmée par l'Israel Land Administration (ILA). Depuis, un nouveau projet portant sur la construction de plusieurs hôtels et maisons dans la colonie de Gilo, située au nord de Bethléem, a été validé et un nouvel appel à construction portant sur 440 habitations à East Talpiot, située au sud de la vieille ville de Jérusalem, à proximité du village palestinien de Sur Baher, a été entériné. Parallèlement, hors de Jérusalem-Est occupée, 2 500 unités d'habitations étaient en cours de construction en Cisjordanie lors du troisième trimestre 2007 selon le Bureau central des statistiques israélien.

Le démantèlement immédiat des colonies sauvages (*outposts*) établies depuis mars 2001, constitue une autre obligation israélienne. Depuis le sommet d'Annapolis, seules 2 de ces 110 colonies sauvages ont été démantelées.

Le gouvernement israélien s'était engagé à rouvrir les institutions palestiniennes localisées à Jérusalem-Est. À ce jour, les 10 institutions palestiniennes fermées le 8 août 2001 restent closes, parmi lesquelles la chambre de commerce palestinienne et la Maison d'Orient.

Enfin, le gouvernement israélien avait accepté de ne pas prendre de mesure sapant la confiance entre les deux parties, comme les déportations ou les attaques menées contre des civils ; la confiscation ou la démolition de maisons et de propriétés palestiniennes, comme mesure punitive ou en vue de permettre des constructions israéliennes ; la destruction d'institutions ou d'infrastructures palestiniennes. Depuis le 27 novembre 2007, les incursions, destructions, assassinats, arrestations et autres attaques sur des Palestiniens et leurs propriétés se sont multipliés : Israël a tué 165 Palestiniens et en a blessé 521. Dans l'intervalle, Israël a également arrêté 965 Palestiniens (dont 63 enfants) en Cisjordanie et à Gaza. Ceux-ci s'ajoutent aux 11 500 prisonniers politiques déjà détenus dans les prisons israéliennes. Parallèlement, 17 maisons et une institution palestiniennes ont été détruites.

L'armée israélienne continue d'agir de manière unilatérale dans des secteurs qui relèvent du contrôle de l'Autorité palestinienne, comme en témoignent de récentes incursions dans la ville de Naplouse. En réalité, l'armée israélienne étend quotidiennement sa présence militaire en Cisjordanie. Au 11 décembre 2007, 561 *checkpoints* et autres barrages empêchent la libre circulation des Palestiniens en Cisjordanie, soit une hausse de 50 % depuis août 2005.

Ma vie ici diffère naturellement de celle du Palestinien de Cisjordanie [31]. Pour au moins trois raisons : tout d'abord, je suis français ce qui, toutes proportions gardées, facilite grandement mes mouvements au sein de la Cisjordanie, entre la Cisjordanie et Israël, et à l'extérieur de leurs frontières. Je travaille ensuite comme conseiller de l'OLP dans le cadre des négociations avec Israël, ce qui m'octroie généralement quelques passe-droits, mais justifie aussi à l'occasion des mesures de contrôle plus poussées. Enfin, mes revenus sont largement supérieurs à ceux des Palestiniens qui, pour la plupart, vivent sous le seuil de pauvreté.

À l'occasion de mes premiers pas dans les territoires, je me résous cependant à tenter de « vivre comme un Palestinien ». Je souhaite développer un jugement éclairé, pleinement au fait des conditions de vie des gens ici. Aussi, en ces premières semaines à Ramallah, m'astreins-je à quelques règles de vie simples : « manger palestinien », par exemple, autant que cela est possible et emprunter seulement les *checkpoints* ouverts aux locaux. La première règle me conduit à m'alimenter essentiellement de produits du marché et à refuser d'acheter les produits exportés dans les territoires par l'occupant israélien. C'est vrai, mes repas fréquents au restaurant trahissent une entorse certaine à ce principe, puisque je doute que les restaurateurs soient aussi regardants que moi sur l'origine de leurs produits. La seconde règle m'oblige à emprunter

---

31. Les Palestiniens de Jérusalem-Est jouissent d'un statut distinct et sont considérés comme résidents de la municipalité. En raison du blocus y sévissant et du boycott touchant le Hamas, les Palestiniens de Gaza sont réduits à des conditions de vie encore plus misérables, et leur liberté de sortir du territoire est quasiment nulle.

le *checkpoint* de Qalandiya lors de mes allées et venues entre Ramallah et Jérusalem.

En provenance de Ramallah, l'arrivée au *checkpoint* succède à la traversée de deux camps de réfugiés : Al Amari et Qalandiya[32]. J'apprendrai plus tard qu'une grande partie des gens qui peuplent ces camps sont originaires de la ville de Lod[33]. Située à quelques dizaines de kilomètres d'ici, en Israël, à proximité de l'aéroport Ben Gourion, Lod est desservie par l'autoroute 1 qui relie Jérusalem à Tel-Aviv. La ville a été construite sur les vestiges du village palestinien de Lydda. Une communauté arabe subsiste d'ailleurs là-bas, de l'autre côté du mur. Ces Palestiniens sont des citoyens israéliens. Passons.

Venant de Ramallah, la route ne fait que longer les camps. On ne s'y arrête pas. Mais les jeunes du coin manquent rarement l'occasion de se manifester aux abords du *checkpoint*. L'agglutinement des voitures, en attente de contrôle, crée une clientèle captive, vite assaillie par les mendiants, vendeurs de chewing-gums et autres essuyeurs de carreaux. Ma voiture de location est facilement identifiable. Je suis donc systématiquement livré aux complaintes des enfants des camps, toujours geignards, parfois agressifs.

En réalité, il n'y a pas que des jeunes à proximité du point de contrôle israélien. Lors d'un récent passage, c'est un vieil homme coiffé du keffieh et vêtu de la robe traditionnelle qui m'a pris à partie. Le vieux insistait pour laver les vitres de ma voiture. Malgré un refus poli mais

---

32. Voir carte p. 99.
33. Voir carte p. 237.

ferme de ma part, réitéré ensuite à coups de klaxon, l'épisode a failli mal tourner. Le vieillard n'a pas obtempéré. J'ai refusé de le payer. Verdict : un crachat sur mon pare-brise, un coup de pied dans ma portière, et ce regard haineux qui, l'espace d'un instant, m'a glacé le sang.

Le plus souvent, les soldats israéliens n'ont que faire de ces tranches de vie palestiniennes. Elles se répètent immanquablement sous leurs yeux, au gré de l'attente, de l'énervement des conducteurs, et de leurs perturbateurs. La violence est comme exacerbée à l'approche du *checkpoint*. Occasionnellement, ces saynètes deviennent néanmoins un sujet de moquerie pour les jeunes troufions de l'État hébreu. Un jour où je persistais à refuser de faire laver les carreaux de ma voiture, deux gamins, en guise de représailles, se sont amusés à attacher une canette de coca vide à mon pare-brise arrière. Je ne m'en suis rendu compte qu'une fois arrivé face aux soldats. Les garnements avaient déjà pris la fuite en riant aux éclats. Les soldats étaient hilares, eux aussi.

Je me suis depuis rendu à l'évidence : je n'ai d'autre choix que de donner cinq shekels à chaque fois qu'un miséreux se montre un peu trop insistant. À chacun de mes passages à Qalandiya, je m'acquitte désormais de cette taxe afin de passer sans encombre le péage. Mes vitres, lavées régulièrement à l'eau saumâtre, sont au fil des jours de plus en plus sales.

Vous l'aurez compris, à Qalandiya, les préliminaires sont souvent plus agités que l'atteinte du fameux *checkpoint*. Après avoir tenté en vain de manœuvrer pendant de longues minutes pour dépasser les véhicules mieux positionnés dans la file d'attente, les voitures se résignent enfin à se ranger sur deux files. Elles marquent un arrêt forcé devant un premier poste de contrôle israélien, totalement opaque. De cette cabine protégée de tout contact avec les Palestiniens, sort une voix de femme qui, en hébreu, aboie sur les conducteurs. Je ne comprends pas l'hébreu. J'entends juste cette voix stridente et agressive qui déchire un vieux micro. Elle crie ses ordres : « Attendez ! » Puis : « Avancez ! » Enfin, j'imagine. En général, je m'en sors en suivant le flux des voitures qui mène au deuxième arrêt.

Au second stop, suivant les jours, deux ou trois files sont ouvertes aux voitures. En général, nous y sommes accueillis par une paire de soldats. *Accueillis* est un bien grand mot. Je ne sais pas si le terme *attendus*, même, serait approprié. Tout ceci est très mécanique. Rares sont les militaires qui daignent ouvrir la bouche. Nul besoin. Le rituel est parfaitement connu des Palestiniens : présentation des papiers d'identité, puis ouverture du coffre.

Chacun récite sa partition : les gamins, engloutis dans leur énorme gilet pare-balles, plombés par leur fusil lourd et intimidant, contrôlent et inspectent. Certains nous toisent. Mais le plus souvent leur attitude témoigne d'une évidente indifférence, dont j'ai du mal à percevoir si elle constitue l'expression d'un sentiment de supériorité assumé ou une certaine forme de résignation. Quelquefois, les yeux de ces adolescents trahissent la peur. Les Palestiniens, eux, s'exécutent, le plus souvent sans broncher. Au gré des rotations – et des aléas d'une immigration juive toujours bigarrée – nous nous plions ainsi aux commandements d'une jolie Éthiopienne qui a du mal à se faire comprendre, d'un grand et jeune Russe boutonneux qui bombe le torse, ou d'une petite sépharade au regard noir qui pourrait avoir l'air palestinienne si elle ne mettait pas un malin plaisir à mener la vie dure à ses « frères » arabes.

Voilà à quoi ressemble un *checkpoint*. Ils pullulent ici[34]. Tous semblables, tous différents. Ils sont devenus le quotidien des Palestiniens. Ils sont devenus la Palestine. Ils ont même pris corps dans son identité, celle d'un peuple survivant au cours de l'Histoire, mais forcé à courber l'échine. Pour preuve, le *checkpoint* est devenu récemment un sujet artistique en vogue. Il fait l'objet de films, donne lieu à des digressions fantasmagoriques, à des plans-séquences sur lesquels on s'extasie.

L'Autorité palestinienne n'a jamais été en mesure d'obtenir la fermeture d'un seul de ces points de contrôle. Car l'état-major israélien administre bien sûr l'occupation comme bon lui semble. Les *checkpoints*, il les ouvre, les déplace, les réaménage. Plus rarement, il en ferme un ou deux. Sans que la Sulta [35] n'ait son mot à dire ; sans que « l'Autorité » n'y puisse rien. Autorité sans pouvoir, donc. Autorité qui espère que, d'ici à la fin de l'année, Israël aura accepté de lui rendre Jérusalem-Est. Autorité qui espère que, d'ici à la fin de l'année, Israël se montrera assez clément pour reconnaître quelque chose qui ressemble au droit au retour des réfugiés palestiniens.

Comment peut-on imaginer qu'il puisse en être ainsi ? Peut-être est-ce l'expression ultime du désarroi des

---

34. OCHA, l'organisation de l'ONU pour la coordination des affaires humanitaires dans les territoires occupés, dénombrait, début 2008, 576 *checkpoints* et autres obstacles à la liberté de mouvement en Cisjordanie. Pour une information à jour de la situation humanitaire dans les territoires : http://www.ochaopt.org

35. L'Autorité palestinienne se dit « Sulta Falestiniya » en arabe.

Palestiniens ? À moins qu'on ne puisse survivre qu'en croyant, toujours et encore. Toujours plus, à mesure que tout se détériore. À mesure que les territoires emprisonnent, l'esprit découvrirait chaque fois de nouveaux horizons. Darwish, le poète, y voit une maladie : l'espoir. Mal palestinien par excellence, il est l'ultime remède à l'occupation [36] :

« L'occupation ne se contente pas de nous priver des conditions élémentaires de la liberté, elle va jusqu'à nous priver de l'essentiel même d'une vie humaine digne, en déclarant la guerre permanente à nos corps et à nos rêves, aux personnes, aux maisons, aux arbres, en commettant des crimes de guerre. Elle ne nous promet rien de mieux que l'apartheid et la capacité du glaive à vaincre l'âme.

Mais nous souffrons d'un mal incurable qui s'appelle l'espoir. Espoir de libération et d'indépendance. Espoir d'une vie normale où nous ne serons ni héros, ni victimes. Espoir de voir nos enfants aller sans danger à l'école. Espoir pour une femme enceinte de donner naissance à un bébé vivant, dans un hôpital, et pas à un enfant mort devant un poste de contrôle militaire. Espoir que nos poètes verront la beauté de la couleur rouge dans les roses plutôt que dans le sang. Espoir que cette terre retrouvera son nom original : terre d'amour et de paix. »

*

---

36. Discours prononcé le 25 mars 2002 devant des écrivains venus exprimer leur soutien au peuple palestinien à Ramallah, alors sous le siège de l'armée israélienne.

Ramallah

Après Haidar Abdel Shafi en septembre 2007, c'est Georges Habache qui passe l'arme à gauche en ce mois de janvier 2008. Âgé de 82 ans, la figure emblématique du Front populaire de libération de la Palestine (« FPLP ») succombe des suites de problèmes cardiaques.

Issu d'une famille chrétienne palestinienne, Habache est né à Lydda en 1926. Il est expulsé avec sa famille de sa ville natale en juillet 1948. Comme vous le savez maintenant, Lydda a été rayée de la carte au profit de Lod, Israël. Georges Habache trouve refuge à Beyrouth et étudie la médecine à l'université américaine (« AUB »). Il crée le FPLP après la guerre de 1967, sur les décombres du nationalisme arabe de Nasser. Dès lors, le FPLP multiplie les actions menées par ses *fedayins*[37] depuis la Jordanie et se fait connaître par ses détournements d'avions. Il s'opposera par la suite aux nouvelles orientations de l'OLP et l'idée d'un mini-État palestinien en Cisjordanie et à Gaza. Habache fut un des plus ardents opposants aux accords d'Oslo.

Quelque 15 ans plus tard, Mahmoud Abbas, architecte oublié de ces accords[38], ne lui en tient pas rigueur. Dans une allocution officielle, le chef de l'OLP et président de l'Autorité palestinienne rend hommage à ce « grand

---

37. *Fedayins* signifie en arabe « ceux qui se sacrifient pour quelque chose ou pour quelqu'un ». Ces commandos palestiniens apparaissent à la suite de la défaite arabe de 1967. Ils multiplient les incursions en Israël depuis la Jordanie jusqu'aux combats de septembre 1970 (Septembre noir) à la suite desquels l'OLP et les principaux mouvements de lutte palestiniens seront largement évincés du Royaume hachémite.
38. À la suite des accords d'Oslo, le prix Nobel de la paix fut remis en 1994 à Yitzhak Rabin et Shimon Peres côté israélien, et Yasser Arafat côté palestinien. Mahmoud Abbas, dont le rôle fut central dans l'initiation et la conclusion de ces accords, ne fut pas récompensé.

patriote ». Un deuil officiel de trois jours est ordonné. Pour Abou Mazen, « le décès de ce leader historique est une grande perte pour la cause palestinienne et pour le peuple palestinien pour lequel il a combattu durant 60 ans ».

À l'extérieur des territoires, cette communication d'Abbas fait un tollé : l'OLP, la repentie, la négociatrice, est rattrapée par son histoire. Malgré sa volonté de rentrer dans le rang, l'OLP reste, pour l'opinion internationale, dans l'inconscient collectif, un mouvement qui a usé du terrorisme international pour arriver à ses fins, d'ailleurs inabouties. À l'étranger, son image en pâtit encore.

Pire, auprès de son peuple, sa popularité a atteint depuis 20 ans des abîmes jusqu'alors inexplorés. Pour une majorité de Palestiniens, l'OLP s'est rendue coupable de la signature des accords d'Oslo. Quinze ans après ces accords, décriés par Edward Said [39] et l'essentiel de l'intelligentsia palestinienne, la logique a prouvé ses limites : la colonisation s'est accélérée. L'Intifada a repris. L'occupation s'est durcie.

Des institutions, un brouillon de gouvernement, se sont certes mis en place, mais ceux-ci sont largement tributaires des desiderata d'Israël et de la communauté internationale. Comment pourrait-il en être autrement ? C'est Israël qui occupe ; c'est la communauté internationale qui finance. Dans les rares territoires palestiniens

---

39. Edward Said (1935-2003) était l'intellectuel palestinien par excellence jusqu'à sa mort en 2003. Né à Jérusalem, devenu citoyen américain, il était professeur de littérature comparée et musicologue. Il est notamment l'auteur de *L'Orientalisme*, considéré comme un des textes fondateurs des études postcoloniales, ainsi que de nombreux écrits sur le conflit israélo-palestinien.

Ramallah

autonomes, c'est d'abord l'Autorité de Mahmoud Abbas qui est aujourd'hui chargée de neutraliser les Palestiniens suspectés de mettre en danger la sécurité d'Israël. Le pays a beau être encore occupé, tout acte violent palestinien doit être réprimé. C'est le job de la Sulta, que beaucoup surnomment « *Salata* », la « salade » en arabe…

La situation s'est encore aggravée avec la victoire du Hamas aux dernières élections législatives palestiniennes de 2006. Le résultat du scrutin est alors indiscutable. Il est d'ailleurs approuvé par tous les observateurs internationaux en charge de veiller au bon déroulement de l'élection. Mais le Hamas est une menace pour Israël. Alors qu'Ismaïl Haniyeh [40] est désigné pour former le nouveau cabinet de l'Autorité palestinienne, Ehoud Olmert, Premier ministre israélien par intérim, déclare : « Nous ne négocierons pas et nous ne traiterons pas avec une Autorité palestinienne dominée totalement ou partiellement par une organisation terroriste armée appelant à la destruction de l'État d'Israël. » Les Américains et les Européens suivent : ils refusent de voir dans le Hamas le représentant du peuple palestinien. Les subventions internationales sont bloquées, les attaques israéliennes de plus en plus nombreuses, tout comme les heurts entre le Fatah et le Hamas. Le 15 juin 2007, les tensions atteignent leur paroxysme quand les forces du Hamas prennent le contrôle de la bande de Gaza, évinçant totalement le Fatah du territoire. Le 17 juin, Mahmoud Abbas limoge Ismaïl Haniyeh de son poste de Premier ministre. Il nomme à sa place l'ex-ministre des Finances Salam Fayyad, ancien haut fonctionnaire de la

---

40. Né en 1962 à Gaza, Ismaïl Haniyeh est un homme politique du Hamas. Il a été Premier ministre de l'Autorité palestinienne du 21 février 2006 au 14 juin 2007.

Banque mondiale apprécié des Américains. Depuis, ce gouvernement installé à Ramallah ne contrôle plus que les quelques territoires en Cisjordanie qu'Israël a accepté de lui laisser.

À ce jour, officiellement, Israël, les États-Unis et l'UE, soit les premiers apologistes de la démocratie au Moyen-Orient, persistent à ne vouloir traiter qu'avec l'OLP et la Sulta. Ce qui n'empêche pas les Israéliens et leurs alliés de contester la capacité de leur partenaire palestinien à représenter l'ensemble de son peuple et à assurer la mise en œuvre des accords conclus et encore à conclure. « *Sulta, Salata* », c'est bien des salades qu'on nous raconte…

V
Gaza, la semonce
Janvier / février 2008

Les 17 et 18 janvier 2008, des incursions militaires israéliennes font une vingtaine de morts dans la bande de Gaza. Selon la version officielle, éculée, l'objectif des opérations est de mettre fin au lancement de roquettes sur le sud d'Israël.

Quelques jours plus tard, des Gazaouis dynamitent un tronçon du mur séparant Gaza de l'Égypte. La frontière s'effondre, entraînant l'exode massif mais temporaire de dizaines de milliers de Palestiniens. Gaza est à 100 kilomètres à peine de Ramallah. Mais je ne peux m'y rendre et c'est Al Jazeera qui me rend témoin du déversement dans le désert égyptien de ce peuple martyr, qui respire enfin un peu. Soumis depuis de longs mois à un blocus extrêmement sévère, les Gazaouis profitent de cette occasion unique pour se réapprovisionner chez le voisin égyptien.

Le 20 janvier, la seule centrale électrique de Gaza rend l'âme. D'un coup, 800 000 Palestiniens sont plongés dans le noir. Gaza survit à la lumière des bougies.

À Ramallah, les rassemblements de solidarité se multiplient. J'y participe. Comme tout le monde, je suis ébranlé par les événements. Le soir, avec beaucoup de dignité, ensemble, en silence, quelques centaines de Ramallaouis se recueillent, sous la surveillance des forces de sécurité palestiniennes présentes en nombre. Des militaires se voient offrir des cierges. Belles scènes que celles rapprochant les visages immaculés des jeunes manifestantes et les figures moustachues des policiers de l'Autorité, simplement éclairés par la flamme éphémère de ces candélabres.

Les contacts entre la Cisjordanie et Gaza sont malheureusement de plus en plus lointains. Je suis condamné à suivre la lente agonie de Gaza à distance ; à la télévision mais aussi grâce aux nouvelles ramenées de-ci de-là par les journalistes et les humanitaires étrangers qui peuvent encore se rendre sur place. Moi-même, malgré ma nationalité française, je ne peux aller à Gaza sans autorisation spéciale. Alors, Gaza et ses histoires, souvent surréalistes, on me les conte. Je suis à l'affût de la moindre nouvelle de cette Palestine dont nous sommes amputés. Je comprends que c'est désormais là-bas que bat le cœur de la résistance palestinienne. Là-bas, à Gaza.

Du côté des politiques, le sort de la petite bande de terre méditerranéenne et de sa population revient au centre de l'attention. Ces événements douloureux seront, je l'espère, un mal pour un bien. La poursuite des négociations avec les Israéliens ne semble plus à l'ordre du jour du côté de Ramallah. Alors que la ville est endeuillée, l'OLP, même si elle le voulait, ne pourrait se permettre de reprendre les pourparlers. Dans une atmosphère jeune et pacifique, au son des cloches et des chants nationalistes palestiniens, une manifestation d'un petit millier de Ramallaouis nous a menés jusqu'à la Muqata'a, le siège de l'Autorité de Mahmoud Abbas. J'ai chanté, ému : « Une, une seule nation » pour la réconciliation nationale ; « Avec l'esprit, avec le sang, je suis avec toi, Gaza ». Avec mes camarades, dont certains de la NSU. En hommage à ces frères gazaouis que je ne connais pas.

*

Face au sort tragique réservé à Gaza, il me vient à l'esprit cette réflexion d'un ami israélien : « Gaza est libérée de l'occupation israélienne. Avec tout l'argent investi dans Gaza depuis le retrait des forces israéliennes, les Palestiniens auraient pu en faire un nouveau Hong Kong. À la place, ils ont choisi la violence et le Hamas. »

Rétablissons la vérité : la bande de Gaza n'est pas libérée du joug israélien. Israël en contrôle toujours tous les points d'accès. Pas plus hier qu'aujourd'hui Gaza n'est donc en mesure de devenir un nouveau Hong Kong. Ce petit bout de terre est devenu au fil des exils et des confrontations un ultime refuge, une trappe plutôt, où se terre une population exsangue, des réfugiés essentiellement, à qui l'on n'accorde pas le droit de rentrer chez eux. Gaza reste donc insoumise, revendicative et violente. Elle souffre de 1 000 maux. Elle est aujourd'hui ostracisée. Le bouclage de la bande de Gaza, expérimenté à faible dose dès 1992, renforcé au début de la seconde Intifada, est devenu systématique depuis juin 2007, quand le Hamas a pris le contrôle du territoire. Israël et l'Égypte verrouillant leurs points de passage respectifs, les biens et les personnes ne rentrent et ne sortent plus que de manière sporadique.

Plus que jamais, ce confetti de terre coincé entre l'Égypte et Israël, surpeuplé, appauvri, est donc devenu une prison à ciel ouvert[41]. La bande de Gaza est en état de crise humanitaire depuis avril 2006, quand la fermeture des frontières et l'absence d'aide humanitaire ont causé une grave pénurie d'essence, d'aide médicale et de certains aliments. Depuis, les Gazaouis souffrent d'un manque flagrant de produits de première nécessité, et la hausse des prix empêche les familles de se nourrir convenablement. En ce mois de janvier 2008, seuls les cas médicaux les plus urgents et quelques organisations internationales triées sur le volet peuvent emprunter le point de passage d'Erez, pour accéder au territoire. Les médicaments ne rentrent qu'au compte-gouttes. Du fait du manque d'essence, les coupures d'électricité sont fréquentes dans les principaux hôpitaux de la bande de Gaza. En état d'urgence, ils n'acceptent d'ailleurs plus que les cas les plus extrêmes.

*

Abbas a adressé un courrier aux représentants du Quartet. Le président de l'Autorité palestinienne y dresse le constat de l'évolution de la situation dans les territoires depuis le sommet d'Annapolis : une nouvelle vague de colonisation a été engagée quelques jours seulement après la conférence ; Gaza a été attaquée le lendemain du premier jour officiel de négociations. Il écrit :

---

41. À ce jour, il ne reste que deux points d'accès à Gaza : Erez, côté israélien ; Rafah, côté égyptien. Ces postes-frontières sont générale-ment fermés, sauf autorisation spéciale délivrée avec une extrême parcimonie par les autorités israéliennes et égyptiennes.

Il n'y aura pas d'État palestinien

« Ces actions violent non seulement les engagements pris au regard de la Feuille de route, érodent la foi des Palestiniens dans le processus de paix et leur confiance dans la sincérité et le désir de paix des Israéliens, mais elles constituent également des violations des droits les plus élémentaires des Palestiniens au regard du droit international [...] »

Le chef de l'OLP et président de l'Autorité palestinienne conclut :

« Je crois toujours que le processus engagé à Annapolis est la meilleure chance de paix à notre disposition depuis des années. La paix est le plus noble des objectifs, et ni les Israéliens, ni les Palestiniens, ni la communauté internationale ne peuvent se permettre de perdre cette opportunité, qui pourrait être la dernière. »

Quelques jours plus tard, alors que les opérations militaires israéliennes s'intensifient à Gaza, Saeb Erekat durcit le ton. Il affirme que « les négociations avec Israël sont impossibles tant que l'armée israélienne continue ses raids sur la bande de Gaza ». La décision de suspendre les réunions avec les Israéliens suit peu après.

Le 24 janvier 2008, Mahmoud Abbas et Ehoud Olmert se rencontrent certes pour discuter, mais leur agenda tient en quatre lettres : Gaza.

*

Officiellement, l'OLP a donc interrompu les négociations en réponse aux opérations militaires israéliennes à Gaza. Espérons-le, cela sera peut-être l'occasion d'une vraie tentative de réconciliation nationale entre le Hamas et le Fatah. En cette fin de mois de janvier, je me rends au travail l'esprit un peu plus serein. Cela peut paraître étrange, je sais, mais j'avais anticipé que ces pourparlers de paix feraient long feu. Les négociations suspendues, je vais maintenant pouvoir tranquillement approfondir la question des réfugiés dont j'ai la charge.

Au bureau, alors que je m'assoupis gentiment sur une de nos études, un nouveau message, « confidentiel », apparaît sur mon écran d'ordinateur. Intrigué, je me précipite pour l'ouvrir. Deux pièces jointes sont attachées à l'e-mail. Elles s'intitulent « Meeting minutes 22 1 08 » et « Meeting minutes 27 1 08 ».

La vérité m'apparaît soudainement, sans faux-semblants cette fois : les négociations n'ont jamais été interrompues malgré les événements de Gaza et l'apparente émotion manifestée par l'OLP. Dans le plus grand secret, Palestiniens et Israéliens se sont rencontrés le 22 janvier dernier, puis de nouveau le 27 janvier, à chaque fois dans des hôtels de Jérusalem-Ouest. Avide de découvrir ce qui a pu se dire alors que les Palestiniens de Gaza étaient livrés aux coups de boutoir de Tsahal, j'épluche page à page les PV de ces réunions. Pour la première fois, j'ai cette chance inouïe de savoir ce qui se passe vraiment. Les tractations à l'abri des regards, le « processus de paix », j'y ai aujourd'hui accès.

Le 22 janvier, Saeb Erekat et Abou Alaa[42], ancien Premier ministre et leader de la nouvelle délégation de négociation palestinienne, rencontrent Tzipi Livni, la ministre des Affaires étrangères d'Israël, et Tal Becker,

---

42. Comme Mahmoud Abbas (« Abou Mazen »), l'ancien Premier ministre Ahmed Qoreï est plus souvent appelé Abou Alaa, en référence au prénom de son fils aîné.

son directeur de cabinet. Lors de cette réunion, les parties s'accordent sur l'idée de mettre en place la structure générale nécessaire à la bonne tenue des négociations. Elles décident d'engager parallèlement des discussions sur les frontières et la sécurité. Les réfugiés sont également évoqués par Livni, qui précise sa pensée :

« Pour les réfugiés, en toute franchise, la position israélienne est que la création de l'État palestinien est la réponse au problème. [...] Je ne veux décevoir personne, mais aucun officiel israélien, qu'il soit issu de la Knesset ou du gouvernement, ni le public, ne soutiendra le retour des réfugiés en Israël. Il y a beaucoup de gens dans le monde qui sont prêts à aider sur la question des réfugiés, et je ne parle pas de l'Arabie Saoudite mais de Bill Gates et ses pairs. »

La logique de Livni est d'une simplicité implacable. Le slogan du processus d'Annapolis est sans ambiguïté : « deux États pour deux peuples ». Dans ce cadre, les réfugiés palestiniens ont vocation à vivre au sein de la future Palestine.

Abou Alaa rappelle la position de l'OLP : « Le droit au retour et la compensation des réfugiés qui décident de ne pas rentrer chez eux, en accord avec la résolution 194 de l'Assemblée générale de l'ONU. » Il demande à Saeb Erekat de commencer à travailler sur la question. Son interlocuteur israélien sera Tal Becker.

La discussion se poursuit par l'évocation par les Palestiniens de la question de Jérusalem. Livni prend bien garde de ne pas dévoiler sa position. Elle reste silencieuse.

Gaza ne s'immisce dans la discussion qu'à la toute fin de la réunion. On ne ressent pas d'agressivité, ni même d'amertume, dans les propos des dirigeants de l'OLP. Au contraire, ils n'ont en tête que le pari dans lequel ils se sont engagés sans retenue : conclure un accord de paix avec les Israéliens. La réalité, c'est qu'ils sont aussi en guerre contre le Hamas. Le discours d'Abou Alaa est sans détour :

« Nous vaincrons le Hamas si nous arrivons à un accord, et ceci sera notre réponse à leur revendication selon laquelle recouvrer notre terre ne peut se faire que par la résistance. »

Saeb Erekat est dans le même état d'esprit. Il interpelle les Israéliens : « Donnez-moi un accord juste et vous aurez le soutien de 80 % des Palestiniens. »

Le 27 janvier, lors d'une nouvelle réunion à Jérusalem, la délégation palestinienne reprend pied un court instant dans la réalité. Abou Alaa tente un rappel à l'ordre :

« Avant de commencer des discussions sérieuses, nous devons nettoyer la table de toutes les violations et de tous les obstacles qui empêchent l'avancée des négociations, sans exception, tout particulièrement le siège, les incursions, les assassinats, les meurtres et les arrestations en Cisjordanie et à Gaza. Le blocus qui a été récemment imposé sur Gaza ainsi que la pénurie d'essence et de produits de première nécessité sont des faits très sérieux qui ne sauraient être acceptés ou négligés. [...] Sous aucune condition, nous ne pouvons accepter la poursuite des activités de colonisation en Cisjordanie occupée, incluant Jérusalem-Est [...] Nous ne pouvons pas continuer à négocier à la lumière des politiques et des violations israéliennes. [...] Négocier des questions dont Israël a déjà déterminé le futur en imposant de nouvelles réalités sur le terrain est dénué de sens. Nous n'accepterons jamais la construction du mur, l'expansion des colonies, le maintien des colonies sauvages et la poursuite de la fermeture des institutions de Jérusalem. »

La diatribe ne suscite aucune réaction côté israélien. Livni ne daigne même pas répondre. On débute donc les discussions « sérieuses » sur les frontières, sur la sécurité. Les Palestiniens rappellent qu'ils ne peuvent pas accepter moins que la ligne verte de 1967. Ils ajoutent que toute modification, tout échange de territoire ne pourra se faire que sur une base égalitaire[43]. Livni n'en a cure. Pour elle, les frontières de 1967, la ligne verte « n'est pas sacrée ». Son approche est sécuritaire. Elle veut assurer la protection de son État, celle de son peuple. À cette fin, elle précise d'ailleurs que l'État palestinien devra être complètement démilitarisé.

De prime abord, les écarts entre les positions des deux parties s'apparentent à des gouffres abyssaux. Ce n'est pas une surprise. Les discussions viennent tout juste de commencer. Il ne faut céder sur rien. Et tout le monde est conscient des difficultés qui se dressent sur le chemin de la paix. Le défi reste immense.

---

43. Après le « compromis historique » de la déclaration d'Alger de 1988, par lequel l'OLP a accepté de créer un État sur seulement 22 % de la Palestine mandataire, il s'agit d'un nouvel affaissement des positions palestiniennes. Lors des cycles de négociations de Camp David et de Taba, les délégations palestiniennes n'avaient jamais accepté officiellement le principe d'échanges de territoires, censé s'accommoder des colonies juives implantées illégalement en territoire palestinien.

Lors de cette réunion du 27 janvier, Dr Saeb s'enflamme : « Quel que soit celui qui sera capable d'atteindre un accord pour résoudre ce conflit, il deviendra la figure la plus importante dans la région depuis Jésus-Christ ! »

VI

« Palestitanic »
Février / mars 2008

Bernard Kouchner est de passage dans les territoires palestiniens.

La NSU est chargée de lui faire une présentation des positions de l'OLP discutées dans les négociations avec les Israéliens. Nous sommes le 17 février 2008. Rendez-vous est pris chez *Darna*, le restaurant chic de Ramallah. La délégation française arrive en nombre, mais sans Kouchner, semble-t-il retardé. Parmi les membres de la mission, je reconnais Élisabeth Guigou, l'ancienne ministre socialiste. Intrigué par sa présence, j'interroge un des officiers de sécurité français. « Invitée personnelle du ministre », me répond l'homme à l'oreillette. La réunion commence, sans le ministre.

Kouchner arrive une dizaine de minutes plus tard, exaspéré. Le ministre des Affaires étrangères français est exténué par sa journée de réunions. Le « *French doctor* » veut prendre l'air. Il veut marcher. Il prend sous son bras Maen Areikat qui préside notre équipe et lui demande de l'accompagner dehors pour discuter. Nous nous regardons tous, interloqués. La présentation de la NSU se poursuit sans eux.

Coup de chance, le ministre revient dans la pièce au moment où j'entame mon topo sur les réfugiés. Je suis plutôt agréablement surpris par son écoute. Nous abordons la question de la compensation des réfugiés. Je rappelle que l'indemnisation ne doit être envisagée que lorsque la restitution des propriétés confisquées par Israël depuis près de 60 ans n'est plus possible. Je lui expose les différents chefs de préjudice que nous avons identifiés et évalués. Nous débattons rapidement des montants qui permettraient de résoudre le problème. Il avance des chiffres incertains issus d'un groupe de réflexion israélo-palestinien financé par la France : le « groupe d'Aix ». Ce projet indique qu'avec quelques dizaines de milliards de dollars, l'ensemble de la question pourrait être résolu. Je lui explique que les techniques d'évaluation adoptées par cette étude, très superficielle, ne sont pas satisfaisantes. Il lance, avec emphase : « Vous, les Palestiniens, vous avez historiquement raison, mais vous avez économiquement tort ! » Je ne comprends pas ce qu'il veut dire. Sa délégation acquiesce, en souriant.

Au fil de la conversation, je comprends que la France, qui accédera en juillet à la présidence de l'Union européenne, tente de mettre son nez dans les pourparlers israélo-palestiniens. Kouchner propose que la France soit l'hôtesse d'un des comités de négociations actuellement en voie de constitution. Un de mes collègues profite adroitement d'un silence pour mettre sur la table une question autrement plus brûlante à nos yeux, celle de la poursuite de la construction du tramway de Jérusalem par les sociétés françaises Veolia et Alstom. Son tracé prend pied en territoire occupé palestinien. Le projet répond à un appel d'offres du gouvernement de l'État hébreu qui vise à établir une ligne de tram joignant Jérusalem aux colonies juives de Cisjordanie. Le chef de la diplomatie française répond par un haussement d'épaules. Il admet que c'est effectivement un problème mais il paraît impuissant, ou réticent, à s'engager.

La réunion s'achève. Un des diplomates français, visiblement satisfait de la rencontre, nous lance dans un sourire : « Bravo ! Bon courage, tenez bon ! » Je ne sais pas comment interpréter ces encouragements. Peut-être résument-ils la position de la diplomatie française vis-à-vis des Palestiniens... Pour ma part, j'ai le sentiment d'avoir participé à une attraction plaisante, mais sans conséquence.

*

Il fait très froid à Ramallah. La neige tombe même abondamment. Plusieurs jours durant, les commerces restent fermés. La ville est paralysée. Chacun reste chez soi mais, comme beaucoup de Ramallaouis, j'ai des problèmes de chauffage. Mes factures de gaz sont exorbitantes. Sur les conseils de mon propriétaire, j'ai acheté une *souba*, un petit réchaud qui me suit dans la maison au gré de mes mouvements. Vivement la fin de l'hiver.

Salam Fayyad annonce qu'il ne croit plus à la possibilité d'un accord en 2008. Deux obstacles selon lui : la poursuite de la colonisation et celle des incursions militaires en Cisjordanie. Il oublie Gaza. Dans les rangs israéliens, on pense également qu'un traité de paix avant la fin 2008 est hors d'atteinte. Pour le vice-Premier ministre Haïm Ramon, la signature d'une déclaration de

93

principes avant fin 2008 serait un objectif plus raisonnable. Selon lui, l'objectif doit être maintenant d'aboutir à un document suffisamment détaillé pour mettre en place un programme qui permettrait l'établissement d'un État palestinien d'ici deux ou trois ans. Sa vision quant à l'avenir de la bande de Gaza est en revanche beaucoup plus tranchée : il affirme que la chute du Hamas n'est qu'une question de mois, et qu'elle est, en tout état de cause, un préalable non négociable à la mise en œuvre de tout accord de paix avec les Palestiniens.

Le 17 février, la déclaration unilatérale d'indépendance du Kosovo suscite quelques réactions côté palestinien. Voici un territoire qui, grâce au soutien indéfectible de certaines puissances occidentales, vient de réussir à accéder à l'indépendance. La Serbie est mise devant le fait accompli. Certains Palestiniens croient y voir la nouvelle marche à suivre.

Le 26 février, dans un entretien donné à la radio Voice of Palestine, Yasser Abed Rabbo [44] invite l'Autorité palestinienne à réfléchir à de nouvelles options, au motif que sa seule stratégie, « les négociations à tout prix », relève du suicide politique. Plus tôt, il avait annoncé que les Palestiniens devraient déclarer unilatéralement leur indépendance si les négociations avec Israël ne devenaient pas plus sérieuses. Les autres chefs de l'OLP, Abbas et Abou Alaa en tête, désavouent immédiatement

---

44. Longtemps membre du Front démocratique de libération de la Palestine (FDLP), Yasser Abed Rabbo s'est notamment distingué par l'initiative de Genève, un plan de paix officieux israélo-palestinien rendu public en 2003. Proche d'Abbas, il est membre du comité exécutif de l'OLP.

le trublion. Ce dernier, jusqu'alors proche du cercle des négociateurs, est invité à prendre ses distances.

Seuls les petits plats de ma femme de ménage me réconcilient un peu avec le pays. Les spécialités palestiniennes n'ont aucun secret pour elle. Nahla est aussi un drôle de personnage avec une sacrée force de caractère. Occasionnellement, on discute un peu. Pour pallier les besoins de ses cinq enfants et de son mari hospitalisé, elle travaille pour dix. Elle est intriguée par mon statut de célibataire. À mon âge, elle a du mal à comprendre que je ne sois pas encore marié. Je dispose de la nationalité française, je gagne bien ma vie. Pour elle, le fait que je reste seul est une hérésie. Elle se demande vraisemblablement pourquoi je suis venu perdre mon temps ici, à me battre contre des moulins à vent, contre les grues, les pelleteuses israéliennes, alors que ma famille, mes amis, ma vie, sont à Paris.

*

Je cherche désespérément à me changer les idées. De plus en plus fréquemment, je me rends le soir à Jérusalem-Est. Non pas que la ville, qui meurt à petit feu, soit d'un attrait particulier, mais j'essaye de me sortir de la petite bulle de Ramallah. Difficile pourtant de couper avec le boulot. Impossible d'occulter l'occupation. Le chemin qui mène de Ramallah à Jérusalem m'y renvoie systématiquement.

Oublions un instant les *checkpoints* – ils sont moins chargés le soir venu. À l'approche de la partie orientale de la Ville sainte, c'est l'inexorable avancée de la colonisation qui m'agresse[45]. Impossible de faire abstraction des travaux de construction de la fameuse ligne de tramway qui laissent Bernard Kouchner, ses prédécesseurs et ses collègues, muets. On ne voit que ça : ces travaux, menés tambour battant, de force, dans les territoires palestiniens. Ils justifient chaque jour de nouvelles confiscations de terre, de nouvelles destructions de maisons.

Depuis peu, je passe donc devant le tramway en construction plusieurs fois par semaine, au gré de mes dîners dans les environs de l'*American Colony*, le fameux hôtel de Jérusalem-Est. Quand Veolia[46] et Alstom ont emporté en 2005 cet appel d'offres du gouvernement israélien visant à la réalisation de travaux au sein des territoires palestiniens en 2005, personne n'était dupe. Le Quai d'Orsay s'était assuré que la responsabilité de l'État français ne pourrait pas être mise en cause en raison des futures violations du droit international engendrées par ces travaux en territoires illégalement occupés. Il s'avère que l'État de la patrie des Droits de l'homme, juridiquement, ne risque rien. L'ambassadeur de France pouvait donc bien assister le 17 juillet 2005 à la cérémonie officielle célébrant la signature du contrat.

Les sociétés ont engagé les travaux. Depuis, à chaque fois que l'OLP a interpellé l'Élysée ou le Quai sur cette question, la réponse a été la même : le gouvernement ne peut être tenu pour responsable des travaux menés

---

45. Voir carte p. 99.
46. Veolia, sous le coup d'une procédure judiciaire et de diverses menaces de boycott, a finalement annoncé qu'elle se retirait du projet en juin 2009.

par les sociétés françaises[47]. Résultat : la construction israélienne réduit peu à peu le territoire palestinien à une peau de chagrin, irrésistiblement, grâce au savoir-faire de nos entreprises. Cocorico.

Personne ne semble donc en mesure d'arrêter ces travaux. Mais, de jour comme de nuit, le chantier n'est pas surveillé. Le soir, il est même déserté, vide de toute présence humaine. Ne serait-on pas en droit de faire sauter l'installation ? Un peu de dynamite ferait l'affaire. L'idée m'effleure à peine l'esprit que, déjà, pris d'un sentiment de culpabilité incontrôlable, je m'efforce de la balayer. Pourtant, au regard des enjeux en présence, de la passivité générale, cela ne serait pas si insensé.

Désireux de chasser ces pensées dérangeantes, je me remets en route vers Ramallah. Mon esprit continue de divaguer, embourbé dans les affres de la colonisation israélienne et ma participation à ce satané processus de négociation. J'en oublie mon chemin. La nuit est noire et je perds rapidement tout espoir de trouver un panneau qui indiquerait la direction de Ramallah. J'arrive dans ce qui ressemble à une colonie. Pisgat Zeev ou Maale Adumim[48], j'imagine. La ville est morte, chaque maison, identique à sa voisine. Je tourne en rond. Une fois, deux fois, trois fois : je ne trouve pas la sortie de ce monde parallèle, de ce bout d'Israël en Palestine. Je croise enfin quelques ombres suspectes. Barbues, elles semblent coiffées de hauts-de-forme. Des Juifs religieux, semble-t-il. Je pourrais leur demander ma route. Mais savent-ils

---

47. Voir notamment sur les ambiguïtés de la position de la diplomatie française sur la question : http://blog.mondediplo.net/2007-10-24-Tramway-a-Jerusalem-mensonge-a-Paris
48. Voir carte p. 99.

même ce qu'est Ramallah ? La ville palestinienne paraît à des années-lumière de ce lieu inquiétant. Je n'ose pas m'arrêter.

Je me résous à prendre un chemin de traverse. Je conduis quelques centaines de mètres, au ralenti, pour tomber enfin sur un bâtiment familier : le mur. Je pousse un *ouf* de soulagement... Je me trouve forcément à proximité d'un *checkpoint*. Je longe le mur, dans un réflexe pavlovien, dans l'espoir d'identifier une entrée qui mènerait dans l'autre monde, celui des Palestiniens. J'aperçois des lumières qui scintillent au loin. Elles sont deux. Les feux d'une voiture ? Je m'approche à faible allure. Un véhicule me fait des appels de phares. Tout d'un coup, un projecteur, autrement plus puissant, s'allume. Ébloui, je m'arrête. Un soldat a sauté de la jeep. Il me met en joue et éructe en hébreu. Je me jette hors de la voiture en exhibant mon passeport. Je crie, moi aussi. En français. Il continue de beugler, apparemment encore moins rassuré que moi. Je tente de le calmer et, en continuant d'agiter frénétiquement mon passeport, je lui explique, en anglais cette fois, que je suis perdu. Il fait signe avec son fusil : « *Go, go!* » Il m'ordonne de faire demi-tour. Je m'exécute dans une succession de gestes précipités. Je suis déjà dans la voiture et roule, en sens inverse, les mains crispées sur le volant. Je fonce tout droit, fixant la nuit en face, sans me retourner. Après quelques kilomètres, je me retrouve en terrain connu : un *checkpoint*. Me voilà soulagé. La maison est proche.

*

Jérusalem-Est et ses environs

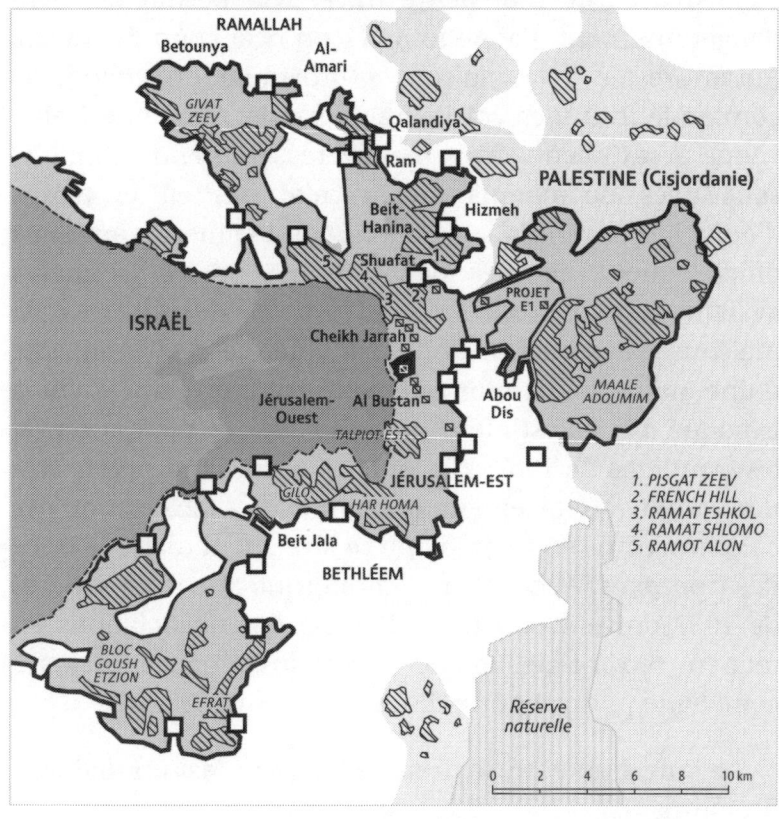

RAMALLAH
Betounya
Al-Amari
GIVAT ZEEV
Qalandiya
Ram
PALESTINE (Cisjordanie)
Beit-Hanina
Hizmeh
Shuafat
PROJET E1
ISRAËL
Cheikh Jarrah
MAALE ADOUMIM
Jérusalem-Ouest
Al Bustan
Abou Dis
TALPIOT EST
JÉRUSALEM-EST
GILO
HAR HOMA
Beit Jala
BETHLÉEM
BLOC GOUSH ETZION
EFRAT
Réserve naturelle

1. PISGAT ZEEV
2. FRENCH HILL
3. RAMAT ESHKOL
4. RAMAT SHLOMO
5. RAMOT ALON

0   2   4   6   8   10 km

- - - - Ligne d'armistice de 1949 (« ligne verte »)

▮ Vieille ville de Jérusalem

▨ Colonies et avant-postes

MUR DE SÉPARATION (EN OCTOBRE 2009)

▬ achevé ou en cours de construction, ou projeté

☐ Principaux checkpoints

Le projet E1 est une extention de la colonie israélienne Maale Adumim (industrie, hôtels, centres de loisirs, habitat).

☐ Territoires municipaux palestiniens

▨ Territoires du « côté israélien » du mur et de facto annexés

☐ Autres territoires sous le contrôle des colonies ou de l'armée israéliennes

▨ Réserve naturelle

Sources : Bureau des Nations unies pour la coordination des affaires humanitaires, Territoires palestiniens occupés (Unocha-OPT), Jérusalem, octobre 2009, et relevés de terrain.

Je m'accorde une petite trêve. Nul besoin de vivre dangereusement. J'ai de toute façon beaucoup de travail. Autant rester à la maison, à proximité du chauffage, comme le font mes voisins ramallaouis. Alors que Nahla vaque à ses occupations ménagères, je prends connaissance des documents que je n'ai pas eu le temps d'éplucher durant la semaine : Ehoud Olmert a annoncé officiellement que les négociations sur les frontières avaient débuté. Concomitamment, les destructions de maisons palestiniennes ont redoublé. Le 18 février, lors d'une nouvelle réunion en petit comité, Tzipi Livni a expliqué aux Palestiniens pourquoi elle ne peut accepter les frontières de 1967. Elle veut un accord qui puisse être mis en œuvre. Autrement dit, pour elle, la localisation des colonies juives en Cisjordanie va largement dicter le tracé des frontières. Abou Alaa lui a rétorqué que les frontières de 1967 doivent constituer la base des négociations en matière territoriale, même si certains aménagements à cette ligne pourront être discutés.

Le mur d'un côté, le droit de l'autre. C'est un dialogue de sourds.

En réunion, Livni tance l'OLP : « Vous pouvez continuer à dire que vous détestez les blocs de colonies et que ceux-ci sont un crime contre l'humanité et qu'ils sont en contradiction avec la légitimité internationale. En définitive, c'est à vous de vous décider. »

Les différents comités de négociations ont été formés. Ils portent sur les territoires, les relations bilatérales, les infrastructures, l'économie, la culture de la paix, les prisonniers, l'environnement, l'eau, la sécurité et les questions juridiques. Jérusalem et les réfugiés, les dossiers les plus sensibles, feront l'objet d'un traitement distinct.

Mon nom est apposé, à côté de ceux d'Abou Alaa et de Saeb Erekat, dans la case « réfugiés ». L'un comme l'autre sont loin d'être des experts de la question. Pire, ils ne montrent pas d'intérêt particulier pour le sort des réfugiés qui composent pourtant 70 % de la population palestinienne.

J'apprends que le poste de négociateur sur les réfugiés a été proposé à diverses personnalités dont la compétence sur la question est reconnue : Nabil Shaath, Akram Haniyeh, Salim Tamari. Tous, un à un, ont décliné l'offre. Il n'est pas difficile de comprendre pourquoi : toutes les personnes qui suivent de près ce conflit savent que s'il doit y avoir un jour un accord sur la base des deux États, l'OLP devra lâcher du lest sur la question des réfugiés. Côté OLP, le droit au retour semble être devenu sujet à compromis même s'il s'agit d'un droit dont chaque Palestinien dispose individuellement : le droit de choisir de retourner chez lui ou de refaire sa vie ailleurs. Les personnes susceptibles de négocier le dossier le savent. Alors que le droit au retour reste au cœur de l'identité palestinienne, personne ne veut porter le chapeau. Personne ne veut devenir le traître qui a vendu les droits des refugiés palestiniens.

Nahla m'interrompt pour me proposer un café. Elle s'est postée devant moi. J'ai levé les yeux vers elle. Elle paraît dubitative.

« Ziyad, est-ce que je peux te poser une question ? me demande-t-elle.
– Bien sûr, qu'y a-t-il ? »

– Voilà Ziyad, vraiment je ne comprends pas pourquoi tu n'es toujours pas marié. »

Toujours cette même question… Je la regarde, amusé. Je mime un soupir, avant de lui répondre :

« Écoute, tu sais, les mœurs sont différentes en Europe. Souvent, les gens étudient longtemps avant de se marier. Et quelquefois, même, les gens vivent ensemble, ont des enfants, sans se marier. Pour moi, c'est aussi un concours de circonstances. Et puis, je n'ai que 30 ans, ce n'est pas si vieux ! »

Je lui adresse un sourire, un peu idiot, pour tenter de ponctuer mon propos. Elle me fixe en silence. Elle n'a pas l'air franchement convaincue. Elle conclut la conversation :

« Inch'allah, tu trouveras une jolie Palestinienne avec qui te marier ici.
– Inch'allah » je réponds, avant de retourner à mon labeur.

À peine ai-je eu le temps de me replonger dans mes lectures, que Nahla réapparaît. Ma femme de ménage a enlevé son voile. Elle s'approche de moi. Je suis assis, à la merci de son petit mètre cinquante, de son visage ridé et de son duvet, un poil intimidant. Avant que je comprenne ce qui m'arrive, elle met sa main sur mon épaule. Elle approche ses lèvres. « Donne-moi un bisou », me dit-elle. Totalement pris au dépourvu, j'oppose ma main entre son visage et le mien :

« Nahla, non, c'est péché. Comment peux-tu ? Tu es mariée ! »

Elle fait un pas en arrière, mais ne se démonte pas. Elle insiste :

« Ne t'inquiète pas. Mon mari ne sera pas au courant. Cela restera entre toi et moi. »

Je lui lance un regard noir. Nahla se réfugie dans la cuisine. Je suis sauvé quelques instants plus tard par un ami venu me chercher pour aller faire un tour en ville. Nahla quitte la maison, sans un mot, sans nous saluer, en longeant le mur. Elle a remis son voile.

Je m'empresse de raconter ma mésaventure à Jacques, l'ami en question. Mon histoire l'amuse follement. Je pense tout haut, à moitié sérieux : « Tu vois, même à la maison je ne suis pas en sécurité. »

*

Ça ne s'arrange pas à Gaza, loin de là. Les dépêches des agences de presse tombent sur l'écran de mon ordinateur, et avec elles, les morts, toujours plus nombreux. Le 27 février, l'armée de l'air israélienne a tué cinq militants du Hamas. Un nouveau cycle de violences s'est engagé. Les islamistes ont répondu par les traditionnels tirs de Qassam sur Sderot et les tirs de Katioucha sur Ashkelon[49]. Les Israéliens ripostent, plus massivement. Les incursions dans le territoire palestinien se multiplient.

Selon des sources palestiniennes, du 27 février au 3 mars, ces violences ont fait 116 victimes palestiniennes, dont la moitié de civils, parmi lesquels 22 enfants et 12 femmes. Côté israélien, un civil a trouvé la mort à la suite de l'explosion d'une roquette sur un collège

49. Pour identifier la localisation de Sderot et Ashkelon, voir la carte «Israeltine» p. 237.

universitaire près de Sderot. Deux soldats israéliens ont également péri durant les opérations menées en territoire palestinien.

Le 3 mars, l'armée israélienne se retire du nord du territoire sans avoir réussi à faire cesser les tirs de missiles palestiniens. Nul doute que ces incursions reprendront, à un moment ou à un autre, puisque les stratèges du ministère de la Défense israélien n'ont rien trouvé de mieux pour régler le sort de Gaza.

Deux jours auparavant, nous avons été informés par le département des négociations de l'OLP que les discussions avec les Israéliens étaient de nouveau suspendues. Foutaises. Le processus de paix est un spectacle, une farce, qui se joue au détriment de la réconciliation palestinienne, au prix du sang versé à Gaza. Et je suis en train de devenir bien malgré moi un des acteurs, même secondaires, de ce drame. J'avais été mis en garde, bien sûr. Je nourrissais mes propres doutes. Jamais, jamais pourtant je n'aurais imaginé qu'à l'issue d'un si court laps de temps j'aurais la conviction que nous courions au désastre. Nous ne sommes que début mars et je me demande déjà ce que je fais ici. Sans doute serait-il plus sage de démissionner, de quitter ce navire en proie à un naufrage certain : le « Palestitanic », comme l'appellent affectueusement certains de mes proches...

Malgré la tragédie vécue à Gaza, malgré l'explosion de la colonisation, malgré l'absence totale de bonne foi des Israéliens dans les pourparlers de paix, l'OLP va continuer à négocier. Envers et contre tout. Une véritable fuite en avant : Négocier ! Car l'OLP a décidé qu'elle n'avait pas d'autre choix. Car la survie politique de sa vieille garde est en jeu, bien sûr. Car, après des décennies de luttes, les derniers compagnons d'Arafat, ceux qui sont encore soutenus à bout de bras par la « communauté internationale », pensent que la création de l'État palestinien n'est plus si lointaine. À moins que, après trois guerres israélo-arabes et deux Intifadas, les Palestiniens n'en puissent tout simplement plus... Qui leur en voudrait ?

Les incursions militaires ont également repris ici, à Ramallah. L'autre soir, j'ai croisé trois jeeps israéliennes à quelques pas de chez moi. Je rentrais d'un joyeux dîner entre amis. Les soldats israéliens, eux, faisaient le ménage dans un camp de réfugiés voisin. J'ai entendu des coups de feu. Ils sont devenus fréquents, mais la nuit seulement. Je me résous à me coucher tôt. Je tente de faire abstraction de tout ça.

*

La parution d'une enquête du magazine américain *Vanity Fair* intitulé « The Gaza Bombshell [50] » vient solder mes dernières illusions. C'est au bureau que je prends connaissance de cet article, savamment détaillé, qui montre sous un jour nouveau deux années de soubresauts qui ont mené au coup de force du Hamas à Gaza. En voici les grandes lignes :

« À la suite de la victoire du Hamas aux élections législatives du 25 janvier 2006, Mahmoud Abbas tente dans un premier temps de faciliter la mise en place d'un gouvernement d'union nationale. Mais Washington n'est pas sur la même longueur d'onde. Le 4 octobre 2006, Condoleezza Rice se rend à Ramallah pour rencontrer le

---

50. Rose (David), « The Gaza Bombshell », *Vanity Fair*, avril 2008.

« Palestitanic »

président palestinien. Elle lui explique que tenter d'isoler le Hamas n'est pas suffisant : Abou Mazen doit dissoudre le gouvernement du nouveau Premier ministre Ismaïl Haniyeh dès que possible et organiser de nouvelles élections. Le président de l'Autorité palestinienne, fidèle allié des Américains, donne son accord. Il s'exécutera un mois plus tard.

Tout le monde sait que ce revirement suscitera de violentes réactions du côté du Hamas. Les États-Unis décident donc d'apporter à Abou Mazen de solides garanties. Le Fatah sera soutenu matériellement et politiquement ; ses forces de sécurité seront renforcées. L'administration Bush insiste aussi pour que l'équipe d'Abou Mazen intègre des figures d'autorité. Mohammad Dahlan, l'ancien chef de la sécurité préventive à Gaza, l'homme des basses œuvres, est de retour.

Fin 2006, le programme américain se met en place. Rice multiplie les contacts avec l'Égypte, la Jordanie, l'Arabie Saoudite et les Émirats arabes unis afin qu'ils contribuent au financement, à la formation et au développement des forces du Fatah. Fin décembre 2006, quatre camions égyptiens arrivent à Gaza par un point de passage israélien. Leur contenu est réceptionné par le Fatah. La livraison fait l'objet de fuites dans les médias. Un membre du cabinet israélien déclare à la radio que les fusils et les munitions donneront à Abbas "la capacité de faire front aux organisations qui essayent de tout saboter". Le Hamas est directement visé.

Le 1ᵉʳ février 2007, les forces de Dahlan prennent l'assaut de l'université islamique de Gaza. Hamas répond par des attaques sur les postes de police du Fatah. De peur d'être tenu pour responsable du déclenchement d'une guerre civile, Mahmoud Abbas fait soudainement machine arrière. Depuis des semaines, le roi Abdallah d'Arabie Saoudite tente de le persuader de rencontrer le Hamas à La Mecque afin de permettre la constitution d'un gouvernement d'union nationale. Abbas s'y rend finalement le 6 février accompagné de Dahlan. Alors que le Hamas se refuse toujours à reconnaître Israël, un accord est trouvé. Parallèlement, les Saoudiens promettent de payer les salaires de l'Autorité palestinienne, gelés par la communauté internationale depuis la victoire du Hamas aux élections. Les sympathisants du Fatah et du Hamas célèbrent la nouvelle, ensemble, à Gaza.

Les États-Unis décident de répondre en redoublant de pressions sur leurs alliés palestiniens. Ils veulent absolument mettre fin à cette coalition gouvernementale et conçoivent un "plan B". L'objectif est de forcer la mise en place d'un gouvernement palestinien qui accepte les principes du Quartet. Si le Hamas refuse de réviser ses positions vis-à-vis d'Israël, Abbas devra précipiter la chute du gouvernement.

Ce plan donne lieu à un document intitulé "Plan d'action pour la présidence palestinienne". Établi par les Américains, il est soumis à l'OLP et aux Jordaniens qui apportent leurs commentaires. Les premières versions du plan insistent sur la nécessité de soutenir les forces du Fatah afin de contrecarrer les desseins du Hamas. Elles détaillent les mesures visant à renforcer son personnel de sécurité, notamment la mise à disposition de 4 700 hommes supplémentaires, dispatchés dans de nouveaux bataillons formés en Égypte et en Jordanie. Abbas doit être mis en position de prendre toutes les décisions d'urgence qui s'imposeraient.

L'objectif ultime du Plan d'action est ainsi formulé : "Permettre l'établissement de la sécurité qui sera en mesure de protéger et de renforcer un État palestinien pacifique vivant aux côtés d'Israël." Sa dernière version est finalisée à Ramallah par des officiels de l'Autorité palestinienne. Elle est identique aux documents discutés précédemment. À une exception près : le Plan est désormais présenté comme une initiative palestinienne.

Le 30 avril 2007, un extrait du Plan est publié dans la presse jordanienne. Pour le Hamas, le message est clair : le Fatah prépare un coup d'État avec le soutien des États-Unis. Alors que la formation d'un gouvernement d'union nationale avait ramené le calme dans les territoires, ces révélations engendrent un regain de violence.

Malheureusement pour le Fatah, les forces de l'Autorité palestinienne à Gaza doivent faire sans leur chef : Dahlan vient d'être opéré des genoux. En convalescence à Berlin, il est "out" pour plusieurs semaines.

À la mi-mai, alors que Dahlan est toujours absent, 500 nouvelles recrues des forces de sécurité nationale palestiniennes arrivent à Gaza. Fraîchement formées en Égypte, elles sont équipées de nouvelles armes et de véhicules flambant neufs. Leur arrivée est immédiatement remarquée. Ces nouvelles troupes sont instantanément attaquées par le Hamas. À la fin mai 2007, les attaques du Hamas deviennent régulières, d'une violence sans précédent.

Le 7 juin, le journal *Haaretz* rapporte que Mahmoud Abbas et les Américains avaient demandé à Israël d'autoriser une nouvelle livraison d'armes, en provenance d'Égypte. Celle-ci doit inclure des douzaines de voitures blindées, des centaines de roquettes, des milliers de grenades et des millions de lots de munitions. Quelques jours plus tard, le Hamas se résout à prendre les choses sérieusement en main.

Le 15 juin 2007, après des affrontements sanglants faisant 113 victimes, les forces de sécurité du Fatah sont délogées de la bande de Gaza. Hamas, le "Mouvement de résistance islamique", prend le contrôle du territoire palestinien, à la barbe du Fatah, des États-Unis, d'Israël et de leurs alliés arabes et occidentaux. »

*

Je termine la lecture de l'article. Je suis KO. Je reste de longues minutes sans bouger, comme tétanisé. J'arrive finalement à me lever. À la recherche désespérée d'un geste sensé, j'ouvre la fenêtre de mon bureau. Le soleil, rouge, se couche sur Ramallah. La ville de la Sulta grouille, bruyante, comme toujours en fin de journée. Les faits rapportés par l'enquête confirment mes réserves initiales et les impressions nourries par mes premières semaines ici. Je suis pris dans un étau : que penser désormais du processus d'Annapolis ?

Il me faut quelques minutes pour rassembler toutes les pièces du puzzle. Mahmoud Abbas s'est laissé convaincre par son allié américain : dans l'espoir d'un retour à la table des négociations avec Israël, il a accepté de collaborer afin de liquider le Hamas. Contre l'unité de son peuple, Abou Mazen s'est rallié au plan de George W. Bush.

C'est désormais beaucoup plus clair. Je viens de saisir toute la cruauté de l'environnement dans lequel s'inscrit mon rôle de conseiller auprès de l'OLP. Je suis désemparé. J'écris un e-mail au manager de la NSU dans lequel j'exprime mes plus grandes réserves quant à la poursuite de ma mission à la lumière de l'existence du fameux « plan d'action » américain. Après maintes relectures, j'envoie mon message. Comme on jette une bouteille à la mer. Ma missive, mon appel au secours, resteront sans réponse.

*

J'essaye de me détendre, tant bien que mal. Je me ménage. Mes bonnes résolutions palestiniennes ont fait long feu. J'achète désormais ce qui me fait envie au supermarché, et donc occasionnellement des produits israéliens. Cela fait maintenant quelques jours que je n'utilise plus le *checkpoint* de Qalandiya. La peur du « pétage de plombs » sans doute. Pour me rendre à Jérusalem, j'emprunte dorénavant le point de contrôle de Hizmeh [51]. C'est un *checkpoint* majoritairement utilisé par les colons israéliens. Je n'y suis que rarement contrôlé. Rasé de près et en costume, au volant de ma voiture à plaque israélienne, je fais illusion : je passe pour un colon. C'est une question d'attitude : la vitre à moitié ouverte, l'autoradio bloqué sur de la techno israélienne, je ne jette pas un regard en direction des militaires. Je ralentis à peine : je suis un colon, je vous dis ! Les militaires peuvent faire leur boulot. Ils ne sont pas là pour moi.

Plus rarement, j'utilise le point de passage de Beit El, le *checkpoint* « VIP », ouvert aux diplomates, ainsi qu'aux

---

51. Voir carte p. 99.

Il n'y aura pas d'État palestinien

organisations et personnes accréditées. On n'y fait pas la queue. Les soldats y sont polis, souriants même, quelquefois. De temps à autre, j'ai droit à un « bonne journée ». Beit El, c'est l'occupation à visage humain, pour quelques privilégiés seulement, étrangers, essentiellement. Pour moi, qui ai fait le pari insensé d'une paix prochaine avec les Israéliens. Pour moi qui, grâce à Adam Smith International, bénéficie d'un « laissez-passer ».

Je fais du sport pour essayer de me vider la tête. Pour tenter d'oublier ce marasme ambiant. Depuis quelques semaines, je suis fébrile à chaque fois que je tourne le contact de ma voiture. Une affreuse appréhension, légère certes, mais récurrente. Je ne me sens pas en sécurité. J'éprouve le sentiment d'être surveillé, d'avoir des ennemis. Des flashs des assassinats politiques perpétrés par le Mossad à l'encontre des membres de l'OLP dans les années soixante-dix et quatre-vingt me viennent à l'esprit. Les images des sanglantes représailles entre sympathisants du Hamas et partisans du Fatah m'obsèdent. C'est irrépressible.

J'étais venu en Palestine pour me rendre utile. Je ne souhaitais pas prendre parti dans cette scission interne palestinienne. En raison de mes responsabilités, j'ai pourtant choisi un camp, de fait. Malgré toutes les précautions prises, j'ai péché par naïveté. Par vanité peut-être aussi, tant la toge de l'homme de paix est agréable à endosser. J'ai choisi la négociation plutôt que la poursuite de la lutte contre l'occupant. À ma décharge, j'étais mieux formé pour suivre la première voie. C'est aussi un choix moins coûteux. Aurais-je mis ma vie en péril pour la Palestine ? Aurais-je mis mes jours en danger pour sa défense ? Je suis perdu. Tout tend à prouver que le choix de la négociation sera vain. Pire, tout laisse entendre qu'il sera payé très cher. J'ai maintenant compris que l'Autorité palestinienne, au fil des années, est devenue une autorité d'occupation. Elle est réduite à faire le sale boulot en Cisjordanie en lieu et place des Israéliens, avec le soutien des Américains et de l'Union européenne. Tout bien pensé, compte tenu des enjeux en présence, je me refuse néanmoins à quitter prématurément mes fonctions à la NSU. À ce stade, les réfugiés ont sans doute besoin d'un défenseur depuis l'intérieur. Au moins suis-je en bonne position pour savoir ce qui se trame du côté des négociations.

Il n'empêche. Cela risque de faire de moi une marionnette de plus entre les mains des Israéliens, un numéro inconséquent parmi tant d'autres, s'agitant au milieu du cirque de la paix. Je suis sous leur contrôle. À leur merci. Peut-être suis-je également devenu une cible pour le Hamas. Alors que l'on sort de l'hiver, alors que le climat s'adoucit, j'angoisse.

*

Aujourd'hui, 10 mars 2008, je suis allé nager. Comme souvent, j'ai passé le week-end à travailler. J'ai néanmoins réussi à me ménager une demi-journée de repos. Je rentre chez moi après un effort apaisant et, après un bon dîner, je me mets au lit. Quelques pincements au cœur m'ont contrarié en sortant de la piscine, puis durant mon repas. Rien de bien grave, j'ai juste ressenti comme des petits picotements.

Une fois couché, les douleurs deviennent subitement insoutenables. Comme des coups de poignard, elles me déchirent le cœur. Je suis bientôt immobilisé, quasiment incapable de respirer. Je suffoque. Rapidement, mon épaule, mon bras, sont paralysés. Je tente de me décontracter, « cela va passer », me dis-je. En vain. J'essaye d'attraper mon portable pour appeler au secours. Sans succès. Je m'efforce de pivoter pour trouver une position moins inconfortable. Nouvel échec. De longues minutes passent sans que la douleur ne s'atténue. Ma respiration, empêchée par la douleur, est haletante. J'aspire mon air du coin de la bouche. Je ne vais pas tenir longtemps comme ça, c'est sûr. Cela ne fait plus aucun doute en fait : mon heure a sonné.

Mon grand-père est décédé d'une attaque cardiaque. À un jeune âge. Comme lui, un de mes oncles a été soudainement emporté d'un arrêt du cœur. Il n'avait pas 30 ans. L'infarctus serait un mal palestinien [52].

Le temps passe. Je suis encore en vie. Mon agonie se poursuit, alors que la nuit est tombée depuis un long moment maintenant. À défaut de pouvoir maîtriser la douleur, j'essaye de retrouver un peu de sérénité. Je me mets à réciter mes prières. Sans conviction, pour me calmer. Seulement, avec le temps, j'ai un peu oublié mes professions de foi. Mon « Notre Père » est rouillé. Mon « Je vous salue Marie » engourdi. Heureusement, « Fatiha », elle, s'est récemment rappelée à moi grâce à l'intervention d'un envoyé israélien. Quelquefois les anges n'apparaissent pas sous leur meilleur jour. Souvenez-vous, c'était à Jérusalem, *Al Qods* ou *Yerushalem* [53], comme vous voulez. Je l'avais alors maudit. Je me suis mépris. Que Dieu bénisse son âme. Que Dieu me pardonne. Je me mets à réciter la Fatiha en boucle, sans retenue. Alors que mon existence vacille, je m'accroche au seul petit bout de parole révélée

---

52. Un médecin m'a dit un jour que la population des territoires enregistrait le plus haut taux d'infarctus au monde. Je n'ai pas vérifié.
53. *Al Qods* veut dire Jerusalem en arabe ; *Yerushalem*, en hébreu.

que je garde encore en mémoire. Je la récite, je répète la Fatiha, encore et encore, comme un soufi, dans l'espoir que mon esprit bascule enfin… Je me saoule de mots que je comprends à peine. Je prie pour un apaisement.

L'appel à la prière retentit enfin. Il annonce l'aube prochaine. L'hérédité ne m'a pas condamné. La fatalité palestinienne ne m'a pas emporté. Mon délire prend fin. Je n'ai pas fermé l'œil de la nuit, mais je suis encore bien là. En vie. Ma chair meurtrie est mon témoin. La douleur reste violente.

Je décide d'attendre jusqu'à huit heures. À huit heures, j'appellerai au secours. Après près de 10 heures d'agonie, qui m'en ont paru 100, c'est mon ami Karim qui hérite du coup de fil du grand corps malade. Nous filons vers l'hôpital israélien d'Hadassah, à Jérusalem. Mon passeport français, Dieu soit loué, me permet d'éviter les soins prodigués dans les territoires occupés palestiniens.

*

J'ai raté trois journées de travail. Je retourne au bureau malgré des douleurs encore lancinantes. Mes collègues de travail se sont inquiétés. Ils n'ont pourtant pas l'air surpris.

Le diagnostic médical, peu concluant, laisse entendre que la douleur aurait été causée par le froissement d'un muscle intercostal. La NSU pense autrement : tout le monde est persuadé que j'ai fait une crise de panique. Chacun y va de son anecdote. L'un me raconte qu'il est également passé par là il n'y a pas si longtemps. L'autre, qu'il est toujours suivi par un psychothérapeute. Quelques-uns de mes collègues gèrent leur stress, voire leur désespérance, par un goût prononcé pour l'alcool. Je n'en suis pas encore là.

Je n'ai de toute façon pas le temps de m'apitoyer sur mon sort. « Officiellement », les négociations entre Israël et l'OLP ont repris le 5 mars. *The show must go on...* Des réunions ont eu lieu au sein de comités, seulement sur les questions que les Israéliens sont disposés à aborder. À l'échelon politique supérieur, l'attention porte toujours sur les frontières et les questions de sécurité, sans qu'aucune avancée ne soit enregistrée. Les Israéliens restent arc-boutés sur leur mur de séparation. C'est vrai qu'il est bien en place. Jérusalem, rejetée en son entier à l'ouest du mur, en Israël, n'a pas de raison d'être discutée. Sur cette question, ce sont toujours l'armée de l'État hébreu, ses pelleteuses et ses grues, qui font le boulot en lieu et place des négociateurs. Pour ce qui est des réfugiés, j'ai eu confirmation que Saeb Erekat avait bien hérité du dossier en compagnie de Tal Becker, son homologue israélien.

On m'a par ailleurs proposé de siéger dans un comité portant sur « la culture de la paix ». Je dois avouer que je n'ai pas pris la proposition au sérieux. À tort peut-être, j'ai pensé qu'avant de parler de culture de la paix, il fallait qu'Israël arrive à traiter son interlocuteur en égal, et accepte de négocier de bonne foi les sujets véritablement en conflit. J'ai décliné l'offre.

Le chapiteau du cirque paraît maintenant bien en place. La NSU s'inquiète de constater que l'OLP n'a aucun plan B en cas d'échec des pourparlers de paix. Peu importe : Mahmoud Abbas laisse entendre à ses conseillers que si aucun accord n'est conclu avant la fin

115

de l'année, il démissionnera de son poste de président de l'Autorité palestinienne. Nous voilà rassurés.

Le 27 mars, George W. Bush lui fait savoir qu'il sera prochainement invité à Washington. L'objectif officiel annoncé par le porte-parole de la Maison-Blanche est de relancer les discussions entre Israéliens et Palestiniens.

Mais que va-t-il encore nous tomber sur la tête ?

VII

Haïfa

Avril 2008

Je vois arriver avec soulagement les premiers jours de printemps et, avec eux, Benoît, un ami de Paris. Sans tarder, nous décidons de partir quelques jours. Sur la route du nord du pays, nous nous arrêtons à Haïfa[54].

Celui qui connaît Beyrouth retrouvera ici le parfum levantin de la capitale libanaise voisine. Les deux villes ont la Méditerranée en partage, même si les collines de Haïfa, le mont Carmel, lui donnent également de faux airs de San Francisco. Je ne sais pas si Haïfa est belle. Je suis mal placé pour me prononcer : ma famille maternelle est originaire de là. Mon grand-père, Habib Sanbar, était consul honoraire du Liban en Palestine et administrateur de ce port, autrefois florissant.

Je n'ai jamais connu mon grand-père. Ma mère m'a juste confessé avoir vu un jour sa sœur aînée en pleurs. Par mimétisme, elle a versé ses propres larmes. Habib est mort en 1951 ou en 1952, je ne sais pas. Il a laissé derrière lui une veuve et six enfants.

---

54. Voir cartes p. 8.

Après la Nakba, le chef de famille s'était exilé en Arabie. Le consul levantin, prospère, était devenu comptable dans le désert. Avec la création d'Israël, il avait perdu toutes ses propriétés personnelles, confisquées par le nouvel État. Les biens et les richesses qu'il gérait pour l'État voisin, il les rendit au gouvernement libanais. Lui et sa famille se virent offrir la citoyenneté du pays du Cèdre. Le patriote refusa cette grâce. Le père de famille l'accepta pour sa femme et ses enfants. Son pays s'était soudainement évanoui. Il devint apatride. Restait l'honneur, la noblesse de la vertu. L'amour des siens aussi. Émigré dans le Golfe, Habib continuait d'écrire des poèmes à son épouse, ma grand-mère, réfugiée avec le reste de la famille au Liban. Elle ne s'est jamais remariée. Le cœur de Habib, lui, s'est arrêté de battre le jour où on lui a annoncé qu'une université hébraïque avait été érigée sur ses terres en Palestine. C'est ce qu'on m'a dit.

Je n'en sais pas plus. Ma mère était trop jeune pour se souvenir. Par pudeur, de peur de lever le voile sur lequel s'est reconstruite la famille, je n'ai jamais interrogé les autres membres de la fratrie. Je me suis réapproprié ce qu'on a bien voulu me donner. Dans mon esprit, mon grand-père est mort avec la Palestine. Pour elle. À cause d'elle.

La veille de mon départ de Paris, ma mère m'a remis une copie de nos titres de propriété. Nos terres, « biens des Absents » en vertu du droit israélien, sont confisquées depuis près de 60 ans. Dieu sait ce que je vais faire de ces papiers. Pour le moment, il ne s'agit pas de marcher sur les traces de mon grand-père. Je ne suis pas prêt, pas disposé à découvrir la maison familiale qui, semble-t-il, a survécu au temps et aux soubresauts de cette région tumultueuse, à prendre possession de ce passé qui m'échappe encore, qui demeure pour moi toujours étranger, en fait. Je n'ai jamais trop su par quel bout prendre tout cela. Le moment viendra, de manière naturelle. Aujourd'hui, c'est encore trop tôt. De toute façon, nous avons décidé de nous arrêter ici seulement brièvement, pour rejoindre Acre située à quelques kilomètres au nord.

Depuis notre arrivée à Haïfa, j'ai la gorge nouée. Je tente de dissimuler mon trouble. Benoît et moi avons pris place pour déjeuner sur une des terrasses de l'agréable avenue autour de laquelle s'organise la ville basse de Haïfa. Cette artère aérée a pris le nom d'avenue Ben-Gourion. Elle relie le port au palais Bahaïs et à ses jardins fleuris, en étages. La perspective est magnifique. La population ici est mixte : quelques rares touristes, des Arabes et quelques Juifs, russophones essentiellement. L'occupation de la Cisjordanie est loin, la chape de plomb qui sévit à Jérusalem, oubliée. Le sentiment qui prévaut ici tranche aussi avec le détachement un brin superficiel qui règne à Tel-Aviv. Ce lieu est de toute évidence gorgé d'histoire mais la Méditerranée, et cette légère brise en provenance du port, adoucissent ses pesanteurs.

J'ouvre un guide signé par deux journalistes américano-palestiniens. Intitulé *Palestine*, le livre consacre un long chapitre à Haïfa, Israël. J'épluche la dizaine de pages sur la ville dont mon grand-père a été arraché. La cité méditerranéenne, vieille d'au moins deux millénaires, a toujours été une ville riche et cosmopolite. Au tournant du XXe siècle, c'est la création de la ligne de chemin de fer Haïfa-Damas-La Mecque qui permit l'explosion de son développement économique. En 1929, le *pipeline* Kirkuk-Haïfa fut inauguré et le pétrole irakien, grâce au port palestinien, trouva un débouché sur la Méditerranée et le reste du monde. Haïfa était devenue le second port méditerranéen, juste derrière Marseille. Avec l'afflux de travailleurs et le développement du commerce, les immigrants, les intellectuels, les syndicats et les journaux commencèrent à y prospérer. L'immigration juive aussi. Après avoir visité la région à la fin du siècle précédent, Theodore Herzl avait lui aussi succombé aux charmes de Haïfa.

Au sortir de la seconde guerre mondiale, les Arabes de Haïfa cohabitaient ainsi aux côtés d'Arméniens, de Grecs, de Perses, d'Indiens, de Juifs, d'Allemands ainsi que d'autres Arabes, majoritairement libanais. À la suite du plan de partition de la Palestine voté par l'ONU le 29 novembre 1947, Haïfa intégra l'État juif, en dépit des aspirations opposées de l'immense majorité de sa population. Dès le lendemain de la partition, l'Irgoun[55] et la Haganah[56] instaurèrent un climat de terreur dans la ville en multipliant les attaques sur les quartiers arabes. Un vent de panique s'empara de la population, entraînant une première vague d'émigration. La campagne d'agression et d'intimidation s'intensifia jusqu'au mois d'avril 1948. Elle

---

55. L'Irgoun est une organisation armée sioniste née en 1931 en Palestine mandataire, à la suite d'une scission avec la Haganah. Elle fut l'auteur de nombreuses attaques terroristes à l'encontre de la population arabe de Palestine. Après la création d'Israël, la plupart des éléments de l'Irgoun furent intégrés à l'armée régulière.

56. La Haganah, « défense » en hébreu, est une organisation clandestine sioniste créée en 1920 qui se voulait une force de protection des Juifs émigrés en Palestine. L'organisation est ensuite devenue la branche militaire officieuse de l'Agence juive, l'exécutif sioniste en Palestine, ayant pour but de favoriser la constitution d'un État juif. Lors de la fondation d'Israël en 1948, la Haganah s'agrégea à l'Irgoun et à une autre milice, le groupe Stern, pour former Tsahal, la force de défense israélienne.

culmina le 21 avril lorsque la brigade Carmel, une des unités d'élite de l'armée juive, passa à l'offensive, poussant les Arabes de Haïfa à la fuite.

Sur une population de 61 000 habitants, seuls 3 500 habitants arabes furent en mesure de rester à Haïfa. La majorité de la population arabe trouva refuge au Liban. Ceux qui furent expulsés ou fuirent les combats ne purent jamais revenir. L'immense majorité des maisons palestiniennes furent confisquées par l'État israélien et sont depuis louées à des familles juives. Aujourd'hui, la majorité des résidents arabes de la ville de Haïfa sont originaires des villages palestiniens des environs de la cité portuaire et de Galilée qui ont été détruits. Ils représentent environ 10 % des 300 000 habitants de la ville. Malgré ce passé douloureux, Haïfa est souvent perçue aujourd'hui comme un modèle de cohabitation entre Juifs et Arabes. La cité portuaire, bien qu'un peu décatie, demeure accueillante.

Je relève la tête de mon bouquin. J'ai un peu oublié Benoît et la terrasse où nous sommes attablés. Ce qui m'entoure est un brin surréaliste. Les clients du restaurant rivalisent d'accents concurrents mais semblent tous partager la satisfaction de l'exposition aux premiers rayons de soleil de l'année. Juifs ou Arabes, ils fument le narguilé. Notre restaurant passe même quelques classiques de Fairuz, la voix du Liban. La diva pourrait chanter depuis l'autre côté de la frontière qu'on l'entendrait presque. L'« ennemi » libanais n'est qu'à quelques dizaines de kilomètres d'ici.

Le déjeuner englouti, il est temps pour nous de reprendre la route pour Acre. Benoît fait mine de jeter un coup d'œil au plan. Il replie la carte. D'un air décidé, il m'interpelle :

« On va voir la maison de ton grand-père ? »

Sa question me paralyse.

« C'est tout de même l'occasion ou jamais, non ? Apparemment, on est juste à côté... »

Je reprends le plan de Haïfa de ses mains. Le quartier de Wadi Nisnas, où se trouve la maison familiale, est effectivement tout proche.

Je le regarde, en silence, pensif. J'ouvre enfin la bouche :

« Je ne suis pas prêt. Ce n'est pas le bon moment. J'irai plus tard. »

Il insiste :

« Viens, c'est ridicule. Si on n'y va pas, tu le regretteras.
– Non, non, je n'ai pas envie. Pas aujourd'hui. »

Benoît n'a cure de mes réserves. Il se lève et se met en route. Après un moment d'hésitation, je le suis.

*

Nous marchons en direction de Wadi Nisnas. Sans plus d'indication quant à l'exact emplacement de la maison, je me rassure en me convainquant qu'il est de toute façon peu vraisemblable que nous la retrouvions. L'excursion n'était pas au programme, de sorte que je n'avais pas jugé utile de me voir préciser l'emplacement exact de la demeure familiale par ma mère.

Après 10 minutes de marche à peine, nous arrivons à Wadi Nisnas. Le quartier ne se trouve qu'à quelques encablures de l'avenue Ben-Gourion. J'en tombe instantanément amoureux. Nous sommes samedi. Shabbat est jour de marché ici, et les vendeurs de fruits et légumes s'agitent sous la bienveillance du drapeau du Parti communiste israélien, qui siège au centre de ce quartier majoritairement arabe. Les étalages de primeurs sont un ravissement pour les sens : pommes, poires, pastèques, abricots, fraises, aubergines, nèfles, oranges, citrons… Je suis émerveillé. Tout est frais et appétissant. Le parfum des fruits se mêle aux odeurs plus fortes de quelques poissonneries et au souffle léger du port tout proche, en contrebas. Les idiomes se bousculent joyeusement : l'arabe et l'hébreu se heurtent à quelques accents russes. Je croise des visages asiatiques au détour des ruelles. D'où viennent ces gens ? Les ports, lieux de passage par excellence, regorgent toujours de surprises.

Je suis heureux d'être ici. Benoît a également l'air d'apprécier l'endroit. La rue principale du quartier, qui s'appelle aujourd'hui Yohanan Haqadosh, est une rue étroite, commerçante, qui sillonne en descente en direction du port. Je remarque l'habillement décontracté des gens qui s'agitent en ce jour normalement chômé en Israël : sous ce soleil printanier, le short est de rigueur. Il est aussi bien porté par de jeunes adolescents arabes turbulents que par de vieux Juifs ashkénazes au teint rougeaud. Aucun voile ne pointe à l'horizon. On est loin du quartier juif orthodoxe de Mea Sharim à Jérusalem, ou même de Ramallah, où une majorité de femmes sort désormais la tête couverte.

Je me décide finalement à demander mon chemin pour tenter de localiser la maison familiale. Je repère deux vieux messieurs, assis sur une chaise, en train de boire le thé. À tout hasard, je leur demande s'ils savent où se trouve *Beit Sanbar*, la maison des Sanbar. J'explique que mon grand-père, Habib Sanbar, un « réfugié de 1948 » comme on dit ici, est originaire de Wadi Nisnas. Coup de chance, mes interlocuteurs ont apparemment la mémoire du quartier. Ils m'expliquent qu'il faut descendre la rue et que je trouverai plus bas deux maisons : la première appartient aux Sanbar qui habitent encore Haïfa, la seconde aux « Sanbar du Liban », comme il les appelle, contraints de fuir au moment de la Nakba. J'en déduis que la maison de mon grand-père est la seconde.

Je descends la rue avec Benoît. Celle-ci est nettement moins animée à mesure que l'on marche en direction du port. Nous passons devant une église épiscopale. Nous croisons une petite dame chargée de sacs de courses. Je demande une nouvelle fois mon chemin :

« Savez-vous où se trouve la maison Sanbar ? »

La femme lève ses yeux vers moi, comme pour me dévisager. Elle me sourit, avec un air de connivence.

« Bien sûr que je sais où se trouve la maison Sanbar. C'est là que j'habite. »

Sa réponse me coupe le souffle. Je tente de me reprendre. Je lui dis que je suis un des petits-enfants de Habib Sanbar qui habitait ici avec sa famille jusqu'en 1948.

Toujours aimable, sans gêne aucune, cette femme nous propose de la suivre. Nous passons le porche de la maison. La demeure est aujourd'hui divisée en deux : elle m'indique que la première habitation, récemment rénovée, est habitée par les cousins de son époux. Elle réside avec son mari et ses enfants dans un second bâtiment, plus vétuste, qui fait face à un petit jardin. Elle nous propose de nous asseoir sur sa terrasse et nous offre un thé.

Notre hôtesse est d'origine égypto-libanaise. Elle est mariée à un Palestinien. Elle m'explique que la famille de son mari a fui un village voisin, détruit par les forces sionistes en 1948. À la fin des affrontements, ces Palestiniens ont trouvé refuge dans cette maison vide. Dans la maison de mon aïeul. Ils y habitent depuis. De manière surprenante, la situation est plus inconfortable pour moi que pour elle. Je suis presque gêné de la perturber dans son environnement. Elle occupe une propriété qui appartient à mon grand-père, mais elle est visiblement émue de faire ma connaissance. Elle s'enquiert de ce qu'est devenue ma famille. À aucun moment, elle ne me donne l'impression de nous percevoir, mon ami et moi, comme une menace.

Nous quittons la maison peu après. Nous avons salué notre hôtesse. Je l'ai remerciée de sa bienveillance. Benoît prend quelques photos de moi devant le porche. Nous remontons la rue. Je lui suggère de nous poser pour boire un café dans un petit boui-boui. L'endroit est tenu par une vieille Palestinienne. La carte est en hébreu mais elle sert des plats traditionnels palestiniens, faits maison : *fassoulia, moujadarra*, feuilles de vigne… L'émotion me rattrape. J'ai la chair de poule. Je sens Haïfa, par tous les pores de ma peau. Les larmes coulent sur mes joues. La Palestine, *ma* Palestine, celle de ma mère, n'est pas morte le jour où ma famille a fui. Elle survit ici. Israël ou pas, la vie ne s'est pas interrompue.

J'ai pris un café turc, bien serré. Et très sucré, *ziyaada*, comme on dit ici. Le marc du café encore sur la langue, l'odeur de la cardamome plein le nez, je flâne maintenant dans les rues de Wadi Nisnas. Je ne suis plus en quête, je ne suis plus à la recherche de rien. Je déambule. Je suis à l'aise. À Haïfa, je suis chez moi.

*

Plus tard, je raconterai à ma mère mon retour à Haïfa. Elle n'a pas de véritables souvenirs de la Palestine. Mais aujourd'hui enfin, je sais le peu qu'elle sait. Il m'aura fallu 30 ans et un départ dans les territoires occupés pour que ma mère lève le voile sur ce qu'elle connaît des premiers mois de sa vie.

Ma mère n'aurait jamais dû voir le jour. Ma grand-mère, déjà mère de cinq enfants, fut victime d'un accident alors qu'elle la portait dans son ventre. Son médecin conclut qu'il était plus prudent pour sa santé de la faire avorter. Accompagnée de son époux, elle se rendit à l'hôpital de Haïfa pour subir l'intervention. Un toubib juif devait officier ce jour-là. Tout était prêt pour qu'il soit mis fin à la grossesse. C'est une coupure d'électricité qui sauva ma mère. Et la foi du médecin juif ; et la foi de ses patients chrétiens. Tous s'accordèrent pour y voir un signe du destin. Et ma mère vit le jour en parfaite santé, quelques mois plus tard.

Ma mère est née en Palestine le 6 octobre 1947. En des temps troublés, un mois et demi avant la partition du pays, le 29 novembre. La petite Jihan a fui le pays dans les bras de sa mère alors qu'elle n'avait que quelques semaines. Sans son père, qui décida dans un premier temps de rester, dans l'espoir d'un retour au calme. Mon grand-père a donc mis sa femme et ses six enfants dans un bateau, direction Beyrouth. Le port de Haïfa était déjà tombé sous le contrôle des forces sionistes. Selon ma mère, c'est grâce au couffin, à l'enfant tout juste né, à elle, que les miliciens juifs ont laissé ma famille monter dans l'embarcation. Ce fut un aller simple.

*

Plus de 60 ans plus tard, les termes définitifs du divorce israélo-palestinien restent en suspens. Et avec eux, le sort du droit au retour des réfugiés palestiniens. Nous sommes début avril 2008 et les négociations patinent toujours autant. Un jour, je suis pourtant convoqué pour une première réunion avec Saeb Erekat. Les Israéliens seraient enclins à discuter des réfugiés. Dr Saeb souhaite rencontrer ses experts pour identifier les points sur lesquels les parties doivent s'accorder.

Accompagné d'une collègue, j'obtiens une courte audience. L'entretien est expéditif. Dr Saeb fait montre de peu d'attention. Il est distrait. Visiblement mal à l'aise, il nous avoue qu'il ne souhaite pas négocier ce dossier lui-même. S'il s'y colle, temporairement, c'est seulement parce qu'Abou Alaa le lui a demandé. Mais il a la franchise d'admettre qu'il n'a pas la compétence pour discuter du problème des réfugiés avec les Israéliens. Il tente néanmoins de se montrer rassurant : il espère encore trouver la personne adéquate pour prendre sa suite. Nous acquiesçons, sans conviction. Vu la charge émotionnelle attachée au problème, le rapport de force totalement asymétrique entre Israël et l'OLP ainsi que le scepticisme ambiant portant sur le processus d'Annapolis, je doute que Saeb Erekat trouve preneur.

Dans les jours suivants, je n'ai aucune nouvelle de Saeb. A-t-il discuté des réfugiés avec Tal Becker, le négociateur israélien ? Je sais juste qu'une réunion était prévue entre eux. Ce n'est qu'au bout d'une semaine que la coordinatrice de la NSU vient finalement me trouver dans mon bureau. Elle me tend un document :

« Voici la première proposition écrite des Israéliens. Elle a été transmise par Tal [Becker] à Saeb. Saeb veut que nous préparions une réponse sur la base de cette offre. »

Je prends connaissance du document [57]. Il tient sur une demi-page. Je retourne voir ma collègue. Je souris :

« On ne va pas répondre à ça, c'est une blague ?
– Si, c'est ce qu'a demandé Saeb.
– Mais sais-tu au moins s'il a pris la peine de lire le document ? On ne peut pas raisonnablement commencer à travailler sur cette base-là…
– J'imagine qu'il l'a lu. Je ne fais que rapporter ses instructions. Si elles te posent problème, tu n'as qu'à l'appeler et voir ça avec lui. »

Les instructions me posent effectivement problème. Le document israélien occulte la quasi-totalité des droits que la légalité et la communauté internationale reconnaissent aux réfugiés palestiniens [58]. Au-delà de l'épineuse question

---

57. Le premier document sur les réfugiés remis par la délégation israélienne est reproduit en annexe I.
58. Les droits des réfugiés palestiniens au regard du droit international peuvent être résumés comme suit :
– la reconnaissance de la responsabilité d'Israël dans la création et la perpétuation du problème des réfugiés ;
– la reconnaissance et la mise en œuvre du droit au retour ;
– la restitution des propriétés des réfugiés palestiniens ;
– quand la restitution de ces propriétés n'est pas matériellement possible ou lorsque le réfugié souhaite que ses pertes matérielles soient réparées *via* l'indemnisation, la compensation financière

du droit au retour, la juste compensation à raison des préjudices subis n'a pas trouvé sa place dans le document. Difficile cependant pour moi de remettre en question les instructions du *Chief Negotiator* palestinien. Je suis arrivé il y a peu. Il ne me connaît pas. Le train est en marche. Il va falloir y aller, et serrer les dents.

*

Je demande l'organisation d'une petite réunion interne à la NSU pour que l'on se mette d'accord sur la marche à adopter. Mon état d'esprit est le suivant : l'OLP ne peut accepter de travailler sur la base d'un document préparé par les Israéliens, qui à dessein passe à côté du sujet. Ce serait de la capitulation pure et simple, alors que les discussions ne sont même pas encore engagées. Les réfugiés sont *le* dossier palestinien par excellence. Les Palestiniens sont un peuple d'exilés. Il est essentiel que l'OLP reprenne la main sur la question.

La discussion avec mes collègues de la NSU tourne rapidement à la guerre de tranchées. En tant que conseiller juridique, je suis sommé de rester à ma place. On me rappelle à mots à peine couverts que je viens de débarquer et que je n'ai pas été recruté pour m'opposer à la ligne du parti. Je n'ai pas encore la confiance de mon équipe et de la direction de la NSU qui me met sous pression.

---

correspondante, ainsi que celle relative aux dommages non matériels subis en raison de son exil durable et contraint.

Pour davantage d'informations, consulter par exemple : http://www.badil.org/fr

Bien qu'en minorité, je ne cède pas. Nous arrivons finalement à un compromis : nous allons offrir à Saeb deux options. En conformité avec ses instructions, la première consistera à soumettre un document protégeant nos positions, mais qui reprendra la structure de l'article proposé par les Israéliens. La seconde visera à présenter un « *non-paper* », un document ne portant pas d'engagement juridique, qui permettra d'amorcer les discussions avec notre interlocuteur sur des bases saines : le droit et les différents intérêts en présence. L'objectif est d'orienter Saeb Erekat vers la deuxième voie tout en lui permettant d'effectuer un choix éclairé.

Nous sommes convoqués dans le bureau de Saeb au département des négociations. C'est rempli de monde et peu de temps nous est accordé. Saeb jongle entre la consultation de ses derniers e-mails et les apartés de ses camarades présents dans la pièce. J'arrive enfin à capter son attention. Je lui tends les documents au fil de mes explications. Je m'attarde peu sur la première option ; je prends le temps de clarifier les avantages de la seconde. Il regarde les deux papiers. Visuellement, le second document est d'une lecture nettement plus agréable [59].

Saeb Erekat ponctue notre entrevue d'un « OK merci ». Il remballe ses affaires pour rejoindre une autre réunion. Je me suis assuré que le document qui a notre préférence figure en bonne place dans son dossier.

J'aurai confirmation deux jours plus tard que Dr Saeb a bien suivi nos conseils. Il a présenté le « *non-paper* », provoquant l'ire du directeur de cabinet de Tzipi Livni.

---

59. Le « *non-paper* » palestinien sur les réfugiés est reproduit en annexe II.

Selon Saeb, qui a l'air content de son coup, Tal Becker aurait même menacé de quitter la salle de réunion.

Je ne me fais pas d'illusions. Nous n'avons pas repris la main sur le dossier pour autant. Mais au moins ce premier écueil a-t-il été surmonté, sans dommage apparent. Je n'ai pas trahi. Ni Eissam, le chauffeur du camp de Chatila. Ni Habib, le grand-père que je n'ai jamais connu. Le retour à Haïfa, la maison de mon grand-père, ma maison, sont toujours sur la table des négociations.

*

Comme prévu, Mahmoud Abbas et ses conseillers se sont rendus à la Maison-Blanche. De son propre aveu, la visite a été un échec. Le 25 avril, à l'issue de ces réunions à Washington, le président de la Sulta s'épanche : il n'y a aucune avancée dans les négociations bilatérales israélo-palestiniennes. Bush ne juge pas opportun d'exercer davantage de pression sur Israël pour permettre le gel de la colonisation. Même côté américain, personne n'ose parler des frontières de 1967 comme devant constituer la base de la délimitation territoriale entre Israël et la Palestine. Le chef de l'OLP ne se satisfait que d'une chose : son message selon lequel les Palestiniens ne peuvent accepter autre chose qu'un accord de paix complet et final avant la fin de l'année a été entendu du côté de l'administration américaine. L'OLP n'acceptera pas de signer un énième accord partiel ou une déclaration d'intentions de plus.

Lors de sa conférence de presse donnée la veille, Bush semblait pourtant revoir son objectif à la baisse : d'ici la fin de l'année 2008, il faut désormais *définir* un

État palestinien. Il ne s'agit plus de *créer* cet État, comme cela avait été affirmé en grande pompe à Annapolis. Le message d'Abbas a peut-être été entendu mais il ne sera pas suivi. Selon son entourage, le président américain est en revanche ravi de se rendre dans quelques jours en Israël pour assister aux célébrations entourant le soixantième anniversaire du seul État qui existe à ce jour en Terre sainte.

VIII
Nakba
Mai 2008

Toujours plus nombreux, les drapeaux frappés de l'étoile de David fleurissent un peu partout en Israël. En Israël, mais aussi dans les territoires occupés où les couleurs de l'État hébreu, portées comme un étendard, flottent sur les voitures des colons, à la barbe de leurs voisins palestiniens.

Le 15 mai prochain, Israël fêtera ses 60 ans d'existence. C'est oppressant. Pour les Palestiniens, ce même 15 mai 2008 correspond à la soixantième commémoration de la Nakba. J'ai acheté mon petit drapeau palestinien. Je l'ai moi aussi accroché à ma voiture. Mais pas question de manifester cet attachement en Israël, naturellement. Dans les territoires palestiniens ? Entre deux points de contrôle israéliens tout au plus, à distance respectueuse des militaires. Les plus de 200 *checkpoints* de Cisjordanie brisent rapidement mes élans prosélytes. Je restreins donc ma circulation à une poignée de kilomètres tout au plus, à un morceau de zone A de ces bantoustans [60] que l'on s'évertue à appeler Palestine.

---

60. Les bantoustans étaient des régions créées durant l'apartheid en Afrique du Sud et dans le Sud-Ouest Africain. Réservées aux populations noires, elles jouissaient d'une certaine autonomie. En 1970, les

Au bout de quelques jours à peine, je me résous à enlever le petit drapeau palestinien. Le gadget en plastique, de piètre qualité, ne tenait de toute façon pas à ma vitre.

La célébration d'Israël va donner lieu à de multiples manifestations. De nombreuses délégations internationales sont attendues pour fêter l'événement. Le président américain a prévu de s'adresser à la Knesset[61]. Pour exprimer son mécontentement face à la poursuite du fait accompli israélien en plein processus de paix, Mahmoud Abbas a déjà annoncé que les diplomates étrangers qui assisteront à ces festivités ne seront pas les bienvenus à Ramallah. Pas sûr que son geste sera compris.

De mon côté, j'avais coché la date du 15 mai dès mon arrivée ici. En cette année de négociations, la voix des réfugiés doit trouver un écho sur la scène internationale. La commémoration de la Nakba est le moment propice pour se faire entendre. Je suis viscéralement convaincu que sans une juste prise en compte de l'histoire et de l'identité palestinienne, la paix est inconcevable. Il m'est cependant impossible de nier l'évidence : l'OLP n'est pas en mesure d'obtenir cela des Israéliens, seule, à la table des négociations. Notre seule chance est de prendre l'opinion à partie. J'ai d'ores et déjà annoncé à Saeb que j'envisageais quelques opérations de communication en ce sens : des visites de journalistes dans les camps, des briefings à leur attention, un communiqué sur la

---

bantoustans furent rebaptisés « foyers nationaux » (appelés *tuislands* ou *homelands*) par les autorités sud-africaines. Par extension, le mot *bantoustan* désigne aujourd'hui tout territoire dont les habitants sont victimes de discrimination et traités comme des citoyens de seconde classe au sein de leur propre pays.

61. La Knesset est le parlement israélien.

situation et les droits des réfugiés, et une tribune du président Abbas dans la presse internationale.

*

Je comprends vite que les choses ne se passeront pas forcément comme je le souhaite. Le département communication de la NSU ne partage que moyennement mon enthousiasme à l'approche de cette échéance. Ils en ont vu d'autres. Et le retour des réfugiés, ce n'est pas pour demain. Pour ne rien arranger, nous sommes privés de Xavier, un de nos éléments les plus motivés.

Ce jeune camarade chilo-palestinien[62] est avant tout un activiste, un patriote. Personnage éminemment sympathique, Xavier a l'accolade facile. Il ne se sépare que rarement de son keffieh, porté sur les épaules, et de sa croix en or, exhibée avec aplomb. Sa famille est originaire de Beit Jala[63], à deux pas de Bethléem. Il a décidé de s'y installer, malgré les colonies qui grignotent chaque jour un peu plus le territoire de sa commune et malgré les aléas du trajet entre son domicile et Ramallah. Chaque jour, il passe entre trois et quatre heures dans les transports au gré des *checkpoints* et de l'encombrement des routes. Bethléem est pourtant à 30 kilomètres à peine de Ramallah.

L'autre jour, Xavier m'a invité chez lui, à Beit Jala. Après avoir englouti un hamburger au cochon au *Pork Burger* – son fast-food préféré là-bas – il m'a emmené voir sa maison familiale située à deux pas des vignobles du

---

62. Le Chili abrite la plus forte communauté palestinienne hors du Moyen-Orient : 300 000 personnes environ.
63. Voir carte p. 99.

monastère de Crémisan. On y produit un vin ignoble. Mais l'endroit, magnifique, est un vestige d'une Palestine aujourd'hui disparue, ce pays encore vivant dans l'esprit des anciens et l'imaginaire des plus jeunes, imprimé à jamais sur ces magnifiques photos noir et blanc du début du siècle dernier : une contrée de collines vertes bordées de pins, de chemins de terre, et de vieilles maisons de pierre. La maison des aïeux de Xavier est une de celles-ci, perdue au milieu d'une minuscule vallée encore préservée. Nous l'approchons à pied depuis la petite forêt du Crémisan. La demeure n'est qu'à quelques dizaines de mètres de nous. Elle est hors d'atteinte : l'habitation appartient désormais à une zone militaire israélienne. Plus loin, sur la colline d'Abou Ghneim confisquée par la colonie de Har Homa [64], les grues israéliennes s'activent. Elles se rapprochent chaque jour un peu plus. Elles viendront bientôt souiller ce paradis perdu après l'avoir définitivement vidé de ses quelques habitants palestiniens. Finalement, tout cela n'est-il pas qu'une question de temps ?

Le séjour de chaque membre de la NSU dans les territoires palestiniens reste de la même manière à la merci du bon vouloir israélien. Cela vaut pour les Palestiniens comme pour ceux d'entre nous qui sommes détenteurs d'un passeport étranger. Xavier ne peut plus aujourd'hui revenir en Palestine. Au même titre que d'autres conseillers par le passé, il est bloqué à Amman, en Jordanie.

Comme le veut la pratique, Xavier avait quitté la Cisjordanie pour renouveler son visa qui arrivait à expiration. Sans doute faut-il préciser que le ministère de

---

64. Voir carte p. 99.

Il n'y aura pas d'État palestinien

l'Intérieur israélien refuse d'accorder des permis de travail aux salariés de la NSU. Tous les conseillers de la NSU travaillent avec un visa de touriste. Ils ressortent donc du territoire tous les trois mois en croisant les doigts pour que leur autorisation de séjour soit bien renouvelée à leur retour. Cette fois-ci, les Israéliens n'ont pas fait de fleur à Xavier. Il a été « déporté », comme on dit ici. On vient de lui notifier qu'il va être mis dans un avion vers le Chili. Les ambassadeurs chiliens en Israël et en Jordanie essayent encore d'arranger le coup. Pour le moment, je dois faire sans lui.

Un comité national pour la commémoration de la Nakba a été mis sur pied à Ramallah. Malgré cela, l'organisation des célébrations est complètement atomisée. C'est dommage : la société civile, les ONG, ici et dans la Diaspora, sont particulièrement actives. Les initiatives se multiplient. Les articles foisonnent dans la presse internationale. La bataille de l'opinion est lancée.

L'Autorité palestinienne, de son côté, tergiverse. Elle semble d'abord tentée d'organiser sa propre manifestation. Nous essayons d'y mettre notre grain de sel en suggérant diverses idées, sans succès. La Sulta donne l'impression de ne pas savoir sur quel pied danser. Finalement, l'Autorité se résout à faire profil bas. On nous informe que le président Abbas sera en déplacement à l'étranger les 14 et 15 mai prochains. Comme ça c'est réglé : Abou Mazen, héraut malgré lui, nous jouera donc la partition de la fuite. Comble de ce triste épisode, le chef de l'OLP incarnera l'exil, loin des siens, le jour de la Nakba.

*

Vu la tournure que prennent les événements, l'essentiel de mes espoirs se restreint rapidement à la tribune que nous souhaitons voir publier dans la presse internationale le jour des 60 ans de la Nakba, le jour des 60 ans d'Israël. Ce serait un beau coup médiatique. L'idée est de remettre les réfugiés palestiniens au centre des débats et d'expliquer pourquoi il est dans l'intérêt de la paix et d'Israël que l'État hébreu reconnaisse sa responsabilité dans la création de ce problème.

Nous avons approché le *New York Times*, *Le Monde* et *El País* en vue d'une publication de l'article le 15 mai. À l'issue d'un travail fastidieux, le document, revu et amendé de trop nombreuses fois par la NSU et les conseillers de Mahmoud Abbas, est soumis au président. Il donne son feu vert. Premier succès. L'autorisation est intervenue tardivement mais je ne désespère pas : la publication peut encore être envisagée dans les temps.

J'ai rendez-vous avec Rafic Husseini, le chef de cabinet d'Abbas, pour régler les derniers détails. Le conseiller me reçoit de manière courtoise. Il souhaite que nous revoyions le texte ensemble. Il trouve l'article un peu long, son ton un peu trop légaliste. Certains mots sont trop sophistiqués à son goût. Il pinaille. Je me montre aussi accommodant que possible. Mon objectif est de voir l'article publié. Mais la discussion traîne sans que je voie vraiment où il veut en venir. Rafic Husseini a l'air embarrassé.

Nous achevons notre examen du texte. Sous réserve des quelques points que nous venons d'évoquer, il m'indique, du bout des lèvres, que la tribune lui convient. Alors que je m'apprête à le remercier vivement et à rejoindre mon bureau au pas de course, il douche froidement mon ardeur :

« Il va de soi que Dr Saeb doit revoir ce document, n'est-ce pas ? Étant en charge des négociations avec Israël, je veux qu'il nous donne également son accord. »

Rafic Husseini me dévisage. Je reste silencieux. Le chef de cabinet d'Abou Mazen ne veut pas prendre la responsabilité de la publication de la tribune. Alors même que le président a donné son accord de principe, il souhaite se couvrir. Je réponds, dans un sourire crispé :

« Naturellement. »

Je quitte la pièce. Je suis en ébullition : je suis maintenant forcé de demander l'aval de Saeb en dernière minute, dans la précipitation. J'avais heureusement pris la précaution de le tenir informé du projet d'article. Au moins, il ne devrait pas être surpris.

Saeb Erekat est chez lui. Il me demande de lui envoyer le texte par e-mail. Il me recontactera dès qu'il en aura pris connaissance. Il est 21 heures. Je suis retourné au bureau où j'attends fébrilement son appel. J'avais promis aux journaux de revenir vers eux avant la fin de cette journée de travail. Pour *Le Monde* et *El País*, il est déjà trop tard.

Mon téléphone sonne. Je décroche. Saeb crie à l'autre bout du fil :

« Ziyad, on ne peut pas publier ce texte. Il n'en est pas question. Tu ne peux pas mettre le président [Abou Mazen] à la merci des organisations sionistes à quelques jours de la visite de Bush en Israël et d'une réunion très importante à Charm El Cheikh. Ne crois-tu pas que le président est déjà suffisamment fragile comme ça ? Pourquoi lui faire prendre ce risque... »

J'ai du mal à endiguer son flot de paroles. Je l'interromps :

« Mais docteur, le président a déjà donné son accord sur l'article. Les 60 ans de la Nakba sont une occasion qu'il ne peut laisser passer. Il relève de son rôle de faire ces déclarations. Il en sortira renforcé auprès de son peuple et dans les négociations. »

Saeb Erekat n'est pas d'accord :

« Non, c'est trop risqué. Toutes les organisations juives américaines, Olmert, Livni, les Américains, vont nous tomber dessus. »

Je ne lâche pas le morceau. La discussion se poursuit :

« Ziyad, laisse-moi 48 heures. Je vais revoir le document plus en détail et je serai en mesure d'en discuter avec le président ce mercredi.

– Mais, docteur, il sera trop tard. Nous avons déjà dépassé l'échéance fixée par les journaux... »

Nous restons silencieux un instant. C'est finalement le négociateur en chef qui reprend la parole :

« Une autre solution serait de publier la tribune sous mon nom. »

Je n'en crois pas mes oreilles. Ça n'a pas de sens... Saeb n'est même pas réfugié. Je suis dégoûté. Je lui dis que je vais réfléchir. Je raccroche. De rage, je balance un grand coup de pied dans le mur de mon bureau. La cloison de plâtre cède. J'ai fait un énorme trou dans la paroi.

Le manager de la NSU découvrira les dégâts le lendemain. Il ne m'en tiendra pas rigueur, confirmant que mon énervement était bien légitime. Le problème reste malheureusement entier : si l'OLP s'interdit de le faire, qui va promouvoir les droits des réfugiés palestiniens ?

*

Le 15 mai, comme prévu, Abou Mazen n'est pas auprès des siens pour commémorer la Nakba. Il aura juste fait un passage éclair dans un camp de réfugiés factice construit pour l'occasion en face de la Muqata'a, son siège à Ramallah. Il lui suffisait d'aller 500 mètres plus loin pour trouver un véritable camp où il aurait pu s'adresser à son peuple. De son côté, Saeb Erekat se fend d'un simple communiqué de presse. Un de plus.

En Israël, George W. Bush prononce un discours désastreux à la Knesset. Désastreux pour les Palestiniens s'entend. Et pour la paix. Désastreux pour tout le monde en fait, tant l'avenir d'Israël est intimement lié à la création d'un État palestinien. Dans une glorification de l'État hébreu, du peuple juif et du « miracle israélien », le président américain n'a pas eu un mot pour le sort et les espoirs inassouvis du voisin palestinien. Le sommet de Charm El Cheikh ne jouera même pas le rôle de séance de rattrapage. Encore une fois, l'OLP se sent trahie. Le peuple palestinien aussi sans doute.

Peu de temps auparavant, le 11 mai 2008, l'OLP a signé dans une relative indifférence un accord avec le gouvernement soudanais et le Haut-Commissariat aux réfugiés des Nations unies (le « HCR ») en vue de transférer 2 000 réfugiés palestiniens coincés depuis de longs mois dans des conditions misérables à la frontière syro-irakienne[65]. Ces Palestiniens gagnent le droit de s'établir dans les lotissements d'un quartier de Khartoum, créés pour eux il y a quelques années. Le quartier a été appelé Al Qods. Pour eux, les rêves de retour vont se poursuivre. Sous un soleil de plomb, aux portes d'un nouveau désert. Loin, très loin de Jérusalem.

Xavier, lui, est bloqué dans une zone de transit à Madrid. C'est maintenant le représentant de l'OLP auprès de l'Espagne qui fait tout son possible pour tenter de permettre son retour en Cisjordanie. Nous envoyons des messages de soutien à notre collègue. Je l'ai eu au téléphone : il a le cœur brisé de ne pas pouvoir retourner dans la prison Palestine.

Comme aurait pu l'écrire le président Abbas dans une tribune, la Nakba, la « catastrophe », continue... [66]

*

Je me suis séparé de Nahla. Un crève-cœur. Mais avais-je le choix ? Ma nouvelle femme de ménage s'appelle Oum Arafat, la mère d'Arafat. Arafat, c'est donc le prénom de son fils aîné. Bonne chance à lui. Oum Arafat ne souhaite pas travailler en ma présence, sous le regard d'un homme. Qu'à cela ne tienne : ce n'est certes pas très

---

65. À la suite de la chute de régime de Saddam Hussein, les réfugiés palestiniens établis en Irak depuis la Nakba firent l'objet de violences et de persécutions entraînant la fuite d'une grande partie d'entre eux. En raison du refus de la Syrie et de la Jordanie d'accueillir de nouveaux réfugiés sur leur territoire, plusieurs milliers de réfugiés palestiniens furent coincés de longs mois à la frontière irakienne, dans le désert, dans l'attente de solutions d'expatriation dans des pays tiers.

66. Le projet de tribune, sur lequel le président Mahmoud Abbas avait donné son accord en vue d'une publication le 15 mai 2008, est reproduit en annexe III.

pratique, mais, au moins, je suis sûr de ne pas avoir à gérer un nouveau moment d'égarement de ma femme d'intérieur.

Oum Arafat est venue ranger l'appartement avec sa fille. La petite doit avoir 12 ans à peine. Je suis gêné de la voir perdre sa journée chez moi, à travailler avec sa mère. Oum Arafat et sa famille habitent Betounya[67], à la lisière de Ramallah. À l'issue de leur journée de travail, je propose de les reconduire chez elles.

Les deux femmes ont pris place à l'arrière de mon véhicule. C'est une petite balade agréable. Le soleil est radieux. Après avoir déposé la mère et sa fille, je me mets sur le chemin du retour. Je conduis tranquillement, distraitement, en direction de Ramallah. La radio chante à tue-tête. Je remarque à peine une voiture qui me colle aux fesses. Il faut qu'elle manque de me rentrer dedans pour que je m'en aperçoive. Son conducteur s'est porté à ma hauteur. Il est agité. Il accélère d'un coup pour me dépasser. Il rabat violemment sa voiture sur la droite, me coupant la route. Je pile de toutes mes forces pour éviter l'accident. Je finis le nez à un cheveu de son pare-chocs.

L'homme est sorti de sa voiture. Il vient à ma rencontre. Il est nerveux. Je suis très énervé. Le choc a été évité de peu. Il me salue :

« *Salamou 'aleikoum* »

Je ne réponds pas. Il réitère ses salutations. Je m'emporte :

« On peut savoir quel est ton problème ? Tu as failli me rentrer dedans !

_____
67. Voir carte p. 99.

– Tu viens d'où ?

– C'est moi qui t'ai posé une question. Je te demande pourquoi tu as failli emboutir ma voiture.

– Je t'ai demandé d'où tu venais.

– Ça ne te regarde pas. Y a un problème ?

– Je veux voir tes papiers d'identité. »

Je dévisage mon interlocuteur. L'homme a une petite quarantaine d'années. Sa moustache lui confère un semblant d'autorité. Il a l'air cependant fébrile, sous tension. Il transpire à grosses gouttes. Ses mains tremblent.

Je le fixe en faisant mine de ne pas comprendre. Sans me quitter des yeux, il passe sa main sous son veston et la pose sur un pistolet accroché à sa ceinture. Il montre ostensiblement son flingue. Je comprends immédiatement : Moukhabarat. Le conducteur kamikaze appartient aux renseignements palestiniens. Je décline mon identité. Mieux, amusé, je sors ma carte professionnelle. L'agent en civil en prend connaissance :

Ziyad Clot
Conseiller juridique
Département des négociations
Organisation de Libération de la Palestine

Un brin vicieux, je me sens obligé d'ajouter que je travaille pour le Dr Saeb Erekat. Le pauvre est confus. L'agent en civil s'excuse platement. Il me salue et prend congé en un instant.

Je reste garé le temps de reprendre mes esprits. Je jette un œil dans le miroir de bord pour voir à quoi je ressemble. Pas rasé depuis trois jours, mes cheveux mériteraient également une petite coupe. Avec ma paire de lunettes noires façon aviateur, j'ai le look d'Ali Hassan Salameh [68], de la Force 17, la garde rapprochée d'Arafat au Liban. Une dégaine genre OLP certes, mais version *seventies*, génération Munich. En bref, j'ai une tête de terroriste. Le Fatah, aujourd'hui, est plus propre sur lui.

Je raconte mon aventure à quelques collègues de la NSU. J'ai confirmation que la chasse aux « terroristes » – plutôt islamistes ces temps-ci – a plus que jamais cours en Cisjordanie. Hizb El Tahrir, le parti de la libération, prévoit un grand rassemblement à Ramallah. Les forces de sécurité du président Abbas sont en état d'alerte. La manifestation a été interdite. Hizb El Tahrir milite pour l'établissement d'un califat qui régnerait sur l'ensemble du monde arabe y compris la Palestine – l'ensemble de la Palestine s'entend – dans laquelle se dissoudrait l'« entité sioniste ». Vaste programme, à peine plus irréaliste que la recherche d'un compromis territorial entre Israéliens et Palestiniens.

J'en oublierais presque de mentionner que les discussions sur les frontières sont devenues un peu plus concrètes. Ça n'avance pas pour autant. La délégation palestinienne en charge de la question territoriale a reçu ordre de mettre une carte sur la table. Les pauvres continuent à agir dans l'espoir de voir ces négociations se

---

68. Né en 1940 à Lydda, Ali Hassan Salameh rejoint le Fatah dans les années soixante et crée plus tard à Beyrouth la Force 17, la garde rapprochée de Yasser Arafat. Il est aussi considéré comme le principal instigateur de la prise d'otages des athlètes israéliens survenue lors des Jeux Olympiques de Munich en 1972. Il deviendra par la suite un des contacts privilégiés de la CIA au Liban. Salameh est tué dans l'explosion de sa voiture le 22 janvier 1979, attentat commandité dans le cadre de l'opération secrète israélienne « Colère de Dieu » visant à éliminer les responsables présumés de la prise d'otages sanglante de Munich.

débloquer. J'avoue que je suis ces palabres, rapportées par mes compagnons de galère, avec de plus en plus de distance. Les négociations, la solution des deux États, l'État palestinien en Cisjordanie et dans la bande de Gaza avec Jérusalem-Est comme capitale : je n'y crois plus du tout.

IX

Négociations
Juin / septembre 2008

Six mois que les pourparlers de paix ont débuté. En dépit de l'attentisme israélien à la table des négociations, de l'activisme de leurs pelleteuses et de leur armée dans les territoires, malgré la division et les frustrations palestiniennes, les réunions se succèdent dans les hôtels de Jérusalem-Ouest.

La structure générale du traité de paix israélo-palestinien a déjà été préparée par les parties. Mais, à défaut d'accord sur son contenu, il reste une coquille vide. Les Palestiniens sont face à un mur. Inébranlable. Pour ne rien arranger, le parti Kadima dont sont issus le Premier ministre Ehoud Olmert et la ministre des Affaires étrangères Tzipi Livni entend organiser ses primaires en septembre prochain. Olmert est rattrapé par les affaires. Livni va bientôt rentrer en campagne. Sauf miracle au cours de l'été, c'est cuit. Il n'y aura pas d'accord.

Des propositions écrites sur les réfugiés continuent pourtant d'être échangées entre Saeb Erekat et Tal Becker. J'ai pour instruction de tenter de rapprocher les rédactions respectives de l'article sur les réfugiés. « Sans compromettre les positions palestiniennes », précise

Saeb. Même si l'on n'est d'accord sur rien, il faut donner l'impression que les parties se rapprochent. L'OLP, le gouvernement israélien, les Américains et l'UE ont besoin de faire vivre cette illusion. Malgré mon insistance, Saeb refuse que je le briefe sur les réfugiés.

Condoleezza Rice avait laissé les parties relativement libres de leurs discussions durant les premiers mois de l'année. Elle met maintenant la pression. Elle accompagnait le président Bush lors de sa visite officielle en mai dernier. Elle revient ici un mois plus tard pour dresser un état des lieux des pourparlers.

Nous tentons de convaincre Abou Alaa et Saeb Erekat qu'il est maintenant essentiel de transmettre à Rice une lettre qui fasse état de nos craintes associées à la poursuite du fait accompli israélien dans les territoires occupés, et qui clarifie les positions palestiniennes afin de rendre compte de leur modération. La moitié de l'année 2008, censée accoucher de la création d'un État palestinien, est déjà derrière nous. De deux choses l'une : soit on espère encore un accord et il faut trouver un moyen de contraindre les Israéliens à un minimum de flexibilité ; soit on a pris pour acquis la lente mais certaine déflagration du processus de paix, auquel cas il faut anticiper les futures tentatives israéliennes de rejeter l'échec des négociations sur l'OLP. Ce courrier permettrait de faire d'une pierre deux coups. La missive est prête pour la nouvelle visite de Rice le 15 juin [69].

Je suis en déplacement en Europe une bonne partie de ce mois de juin. Bien qu'en contact quotidien avec

---

69. Lire le projet de lettre de la délégation palestinienne à Condoleezza Rice reproduit en annexe IV.

Ramallah, je ne suis pas mécontent de pouvoir enfin prendre un peu de recul. Il est plus gratifiant de promouvoir les positions palestiniennes à l'étranger, comme je le fais actuellement, plutôt qu'au front, où j'endure les limites, la fragilité, les compromissions de l'OLP et le « jusqu'au-boutisme » israélien. J'ai d'abord accompagné Maen Areikat, le vice-président du département des négociations de l'OLP, dans le cadre de réunions tenues à Paris. Elles intervenaient avant la prochaine visite officielle de Nicolas Sarkozy en Israël et dans les territoires palestiniens. J'ai rejoint ensuite Londres pour un rassemblement d'experts sur la question des réfugiés. Ces réunions étaient positives.

Le 16 juin, les Palestiniens subissent cependant un violent revers sur le front diplomatique européen. L'UE accepte de rehausser ses relations de partenariat avec Israël, faisant fi des exigences européennes en matière de respect des Droits de l'homme. Le Premier ministre de l'Autorité palestinienne Salam Fayyad avait pourtant envoyé une missive à tous les décideurs européens pour soulever le problème. Le document, préparé par la NSU, avait provoqué la colère d'Ehoud Olmert. J'étais moi-même prêt à aller enfoncer le clou à Bruxelles en soutien de la représentation de la Palestine là-bas. Le manager de la NSU m'en a découragé : « trop sensible », m'a-t-il dit, trop risqué pour la pérennité du projet d'Adam Smith dans les territoires occupés. Nous avons passé la main. Négocier sous occupation a des limites que je n'ai toujours pas intégrées : les Israéliens peuvent contraindre la NSU à mettre la clé sous la porte demain s'ils le veulent. L'*upgrade* des relations avec Israël a bien sûr été adopté. Pour l'instant, les Européens, la France de Sarkozy en tête, se sont persuadés que, par le biais du développement d'une

Négociations

relation privilégiée avec l'État hébreu, ils seront en position d'influer davantage sur le processus de paix et la politique israélienne vis-à-vis des Palestiniens. Si c'est la relation israélo-américaine qu'ils prennent pour modèle, ça promet.

J'apprends un peu plus tard que la France souhaite travailler sur une proposition qui serait faite à Israël et à l'OLP dans le courant de l'été. Le sentiment côté français est que la fin du mandat de George W. Bush va signifier un désengagement progressif de l'administration américaine. La diplomatie française, tête de l'Europe pendant six mois, ne veut pas laisser passer une si belle occasion. Le Quai d'Orsay entend élaborer une offre qui permettrait de maintenir les négociations en vie et d'assurer la mise en œuvre d'un éventuel accord. Apparemment, ils y croient encore.

Je fais passer le message à mon retour à Ramallah. Les Français souhaitent s'entretenir de leur démarche avec Abou Mazen et ses conseillers lors du sommet de l'Union méditerranéenne, prévu pour les 12 et 13 juillet prochains à Paris. L'OLP tend une oreille distraite. Une fois de plus, les Palestiniens de Ramallah semblent décidés à mettre tous leurs œufs dans le même panier, celui de l'Oncle Sam. Dommage. Cela augure encore de belles déconvenues.

Je ne me fais pas pour autant d'illusions quant à la ligne politique de l'Élysée sur le conflit israélo-palestinien. Comme Bush, Sarkozy a affirmé devant la Knesset son soutien inconditionnel au « peuple juif » et dressé l'apologie du « miracle israélien »[70]. Cependant, à la

---

70. Discours en date du 23 juin 2008 : http://www.diplomatie.gouv.fr/fr/article_imprim.php3?id_article=63849.

différence du président américain, il a eu un mot, court certes, mais essentiel, sur la nécessité de créer un État palestinien avec Jérusalem-Est comme capitale.

*

Sans surprise, les réunions tenues à Jérusalem avec les Israéliens et les Américains durant la seconde moitié du mois de juin n'ont pas été concluantes. Cela n'a pas suffi à convaincre Abou Alaa et Saeb Erekat de la nécessité de remettre la lettre préparée par la NSU à Rice. La secrétaire d'État semble avoir néanmoins pris conscience du chemin qui reste encore à parcourir. L'heure tourne. Les États-Unis devront rendre compte du bilan des négociations d'Annapolis dans quelques semaines.

Pour le moment, les discussions bloquent toujours sur les frontières. Et tout le reste. L'OLP s'est cependant résigné à accepter pour la première fois que certaines colonies ne soient pas démantelées et intègrent les futures frontières d'Israël. Je ne sais pas s'il faut s'en réjouir, mais c'est historique. Les Palestiniens ont mis une carte sur la table : ils sont prêts à accepter que les colonies de French Hill, Ramat Eshkol, Ramot Alon, Ramat Shlomo, Gilo et Talpiot [71] passent en Israël, en plus du quartier juif de la vieille ville de Jérusalem. Cette offre permettrait d'inclure 70 % des colons au sein de l'État hébreu.

Pour Livni, ce n'est pas assez. La chef de la diplomatie israélienne exige que la souveraineté de son pays s'étende aussi à Maale Adumim, Ephrat, Ariel, Pisgat Zeev et Har

---

71. Voir carte p. 99.

Négociations

Homa. Désormais en période électorale, Livni est encore plus inflexible qu'à l'habitude. C'est dire.

Les parties se rencontrent encore à l'hôtel *King David* de Jérusalem le 30 juin. Abou Alaa tente de mettre de nouveau la question de Jérusalem sur la table. Livni fait la muette :

« Puisque je ne peux en parler, je ne dirai rien. Je vais juste écouter. »

Apparemment, elle vient d'être informée que la Knesset a adopté en première lecture une loi qui exige que toute cession des territoires annexés par Israël fasse l'objet d'un référendum. Abou Alaa s'enquiert de l'état de l'opinion israélienne :

« Est-ce que les Israéliens voteront en faveur d'un retour du Golan à la Syrie ?
– Non. Même si le Golan n'appartient pas à ce que nous appelons la "Terre d'Israël", la majorité des Israéliens ne souhaitent pas le rendre à la Syrie. Cette loi s'applique aussi à Jérusalem. »

Le Palestinien rappelle son approche, encore plus arrangeante que celle soutenue par le droit et la communauté internationale :

« Jérusalem fait partie des territoires occupés depuis 1967. Nous pouvons discuter et nous mettre d'accord sur beaucoup de sujets liés à Jérusalem : les lieux saints, les infrastructures, la municipalité, les questions économiques, la sécurité, les colonies. Mais, pour nous, les frontières de la municipalité de Jérusalem sont celles de 1967. C'est la base, et nous devons partir de cette base. »

Livni se mure dans le silence. Elle clôt la discussion sur une boutade :

« *Houston, we have a problem.* »

Je n'aime pas du tout la tournure des événements. Les Israéliens prennent maintenant prétexte de leur politique intérieure pour justifier leur intransigeance. Ce luxe n'est pas accordé aux Palestiniens qui auraient pourtant de bonnes raisons à faire valoir : la scission interne palestinienne, le mécontentement grandissant de la population contre la Sulta, le blocus de Gaza, l'explosion de la colonisation en Cisjordanie... Seulement voilà, il faut montrer des progrès dans les pourparlers et l'OLP de Mahmoud Abbas a fait des négociations son fonds de commerce. On va donc nous occuper : les Israéliens vaquant à leurs affaires, ce sont les Américains qui vont se rendre disponibles à leur place. Rice semble s'être mis en tête de voir ce qui peut être obtenu du côté de Ramallah. Nul doute qu'elle va mettre le paquet en vue de la prochaine Assemblée générale de l'ONU qui doit se tenir en septembre prochain.

Rice a les réfugiés dans son viseur. Elle croit percevoir qu'un accord est possible sur cette question. Encore faut-il que les Palestiniens suivent ses instructions : l'OLP doit lâcher du lest sur la question de la reconnaissance de la responsabilité israélienne dans la création et la perpétuation du problème. En dépit de 60 ans de dépossession et d'exil, elle estime que les refugiés palestiniens n'ont pas le droit à des réparations pour les dommages non matériels qu'ils ont subis. Il faut savoir regarder devant soi. Pour Rice, les Palestiniens doivent voir la création d'un État comme la meilleure des compensations. J'ai du mal à concevoir comment une amputation définitive de près de 80 % du territoire de la Palestine historique peut constituer une forme d'indemnisation pour le peuple palestinien... La diplomate américaine paraît néanmoins convaincue de la justesse de son analyse. Elle souhaite enfin définir comment la communauté internationale peut se rendre utile sur ce dossier et va demander à ses conseillers de creuser la question. Saeb Erekat lui a indiqué que la NSU avait déjà largement travaillé là-dessus. On m'informe que nous serons amenés à rencontrer un conseiller du département d'État américain, un certain Jonathan Schwartz, dans les semaines à venir. Dorénavant, je suis moi aussi dans leur ligne de mire.

*

Le mois de juillet arrive. Un travailleur palestinien a pris un coup de chaud. Un bulldozer s'est empalé sur un bus rempli de passagers dans la rue de Jaffa, en plein cœur de Jérusalem. L'impact a fait deux morts. Le Palestinien a été abattu à bout portant par la police israélienne. Jérusalem est plongée dans la stupeur. L'état d'urgence est décrété.

L'auteur de l'attaque n'a laissé aucun mot, aucun indice qui pourrait expliquer son acte. Les services de sécurité israéliens cherchent désespérément à identifier les motivations du meurtrier : des antécédents judiciaires, une affiliation avec le Hamas ou d'autres mouvements « durs » palestiniens. Ils ne trouvent rien. Pas besoin pourtant d'être Einstein pour comprendre la trajectoire du Palestinien qui décide de se dézinguer : un ouvrier palestinien qui, pour survivre, travaille à la construction de colonies juives sur sa propre terre, qui se dérobe chaque jour un peu plus sous ses pieds, peut-il rester mentalement sain ?

Je suis convoqué le 8 juillet au consulat américain de Jérusalem-Est. Les desiderata de Rice ont été confirmés. On me demande de présenter le travail de la NSU sur le mécanisme international censé pourvoir au règlement du sort des réfugiés palestiniens[72]. Aucun doute, les Américains souhaitent jouer un rôle moteur sur la question et agissent au soutien des intérêts israéliens. Pour eux, il s'agit de faciliter un accord sur les réfugiés qui serait le moins coûteux possible pour l'État hébreu.

Si ce n'était pour cautionner des orientations diplomatiques désastreuses, j'admettrais volontiers qu'il est plutôt agréable de se rendre au consulat américain. J'y vais d'ailleurs assez souvent. Bien sûr, je croise sur ma route toujours plus de grues et de travaux en cours. J'essaye de faire abstraction des bulldozers, nombreux. Mais le consulat jouit d'un bel emplacement à Jérusalem-Ouest, en face d'un joli parc. C'est ici que je gare ma voiture, toujours au même endroit. Je fais de même aujourd'hui, sauf que je remarque cette fois des sépultures à l'extrémité du parc, au bord de la route. Leur présence m'intrigue. Je devine des inscriptions en arabe sur les tombes. Elles semblent vouées à l'abandon.

Ma réunion au consulat américain s'est bien passée. Les choses sérieuses commencent à peine pour moi. La

---

72. Depuis les premières négociations sur les réfugiés palestiniens au cours des années quatre-vingt-dix, l'idée s'est imposée que la résolution de cette question passerait par la création d'un mécanisme international. Cette agence serait en charge de la mise en œuvre du retour et de la « relocation » des réfugiés, de leurs droits à réparation, leur réhabilitation, etc.

désespérance palestinienne, elle, suit son cours. Un deuxième conducteur de bulldozer a cédé à la folie aux abords de la Ville sainte. Le 22 juillet, un autre Palestinien a projeté son véhicule sur un bus et au moins deux voitures. Trois victimes sont dans un état critique. Une dizaine d'autres sont légèrement blessées. Pas plus que l'autre forcené, l'auteur du drame n'est un politique ou un fanatique. Lui non plus n'aura pas l'occasion de méditer sur son acte. Il est abattu sur le champ.

Côté palestinien, le terrorisme a été dans le passé un acte politique. Depuis la seconde Intifada, il avait pris des accents religieux. Il est devenu aujourd'hui l'expression la plus crue du désespoir.

J'essaye de ne pas trop subir les événements. Malgré les bulldozers kamikazes. Malgré la vaine poursuite des négociations, entretenue par les Américains. Si encore ce n'était qu'une perte de temps et d'argent… J'ai peur que ce ne soit bien plus grave : au train où vont les choses, le « processus de paix », conjugué à la poursuite de la politique de fait accompli israélien, risque de broyer une à une les dernières revendications palestiniennes.

Je ne peux pas rester inerte. Saeb n'en fait qu'à sa tête, il ne veut pas partager ne serait-ce qu'un minimum d'informations sur les négociations avec les organisations de représentation des refugiés. Je décide néanmoins d'informer quelques personnes dignes de confiance de l'essentiel. Je veux absolument prévenir un coup tordu des Américains, des Israéliens. De l'OLP. J'ai suggéré à mes contacts de mobiliser les organisations de refugiés afin qu'elles se manifestent rapidement auprès de l'Autorité palestinienne. La Sulta doit rendre compte de l'orientation de ses négociations avec Israël. Il en va du respect des droits individuels des réfugiés palestiniens.

Mon initiative est risquée. J'outrepasse largement mon mandat de conseiller juridique de la NSU. Mais je n'ai pas le choix. C'est peut-être l'expression de mon propre désespoir. À moins que ce soit ma manière d'entrer en résistance.

Jusqu'à présent, les Israéliens acceptaient au moins de nous rencontrer. Ce n'est plus le cas. Alors on se réunit entre nous, au sein de la délégation de négociation palestinienne. La partie adverse nous fait faux bond ? Qu'à cela ne tienne, Saeb nous demande de rédiger l'accord seuls, en détaillant nos positions et précisant celles des Israéliens, quand cela est possible. Le document part avec Saeb et Abou Alaa à Washington. L'idée est de remettre le brouillon de traité avec le courrier destiné à Rice, qui est toujours en attente. On est donc reparti pour un tour. Sauf que les réfugiés sont maintenant au centre des débats.

La délégation revient des États-Unis quelques jours plus tard. Les discussions menées là-bas n'ont été guère brillantes, mais aucune décision n'a été prise. C'est déjà ça. Le projet de lettre à Rice a été définitivement enterré par Abou Alaa et Saeb. Ils n'ont pas voulu « froisser » leur « allié » américain. Tant pis pour l'OLP. En revanche, l'accord « unilatéral », lui, a été remis. Cela n'a aucun sens. Je me demande ce que les Américains ont pu comprendre de cette démarche. Entre-temps, Olmert a annoncé qu'il ne fallait pas espérer de *deal* sur Jérusalem cette année. Rice, elle, a désespérément besoin d'un accord, même partiel. Il lui faut quelque chose à se mettre sous la dent.

Le 29 juillet, la chef de la diplomatie américaine déclare que la construction des colonies est un « problème ».

Bel élan de lucidité... Même Abou Alaa, nationaliste palestinien de la vieille école, s'est rendu à l'évidence. Constatant que les Israéliens ne sont toujours pas disposés à reconnaître les frontières de 1967, il déclare à la presse que les Palestiniens devront bientôt se résoudre à revendiquer l'intégration dans un État binational. Venant du chef de la délégation de négociation palestinienne, la déclaration fait sensation.

*

Le moment est arrivé comme une fatalité. Saeb a beau préciser que la réunion à laquelle il me convie n'est pas une séance de négociations, je sais que le processus est maintenant enclenché. Je pressens que je vais devoir assister Saeb dans ses prochaines discussions sur les réfugiés. Nous sommes en plein mois d'août. Les droits des réfugiés palestiniens vont donner lieu à des soldes sans précédent. Et c'est moi que le sort a désigné comme instrument de cette grande liquidation.

Premier acte : hôtel *King David*, Jérusalem, 14 août 2008. En face de nous, une délégation de trois personnes, en apparence plutôt sympathiques : Tal Becker, le chef de cabinet de Livni, un certain Daniel Taub qui l'assiste, et une troisième personne, une jeune juriste.

Je suis là pour présenter la vision palestinienne du mécanisme international, déjà discutée lors de ma réunion au consulat américain. Cette présentation est le fruit de plusieurs années de travail de la NSU avec différents experts internationaux. Tous les regards sont tournés vers moi. Mon ordinateur met un temps fou à charger. Je suis tenté de lâcher un bon mot pour les faire patienter. Du genre : « C'est un ordinateur palestinien. »

Peut-être n'est-ce pas une grande idée. Évitons. La présentation apparaît enfin sur mon écran. Les réfugiés palestiniens, version PowerPoint. Je me lance.

Les Israéliens sont attentifs. Ils prennent des notes. Ils m'interrompent pour me faire part de leurs commentaires. J'ai l'impression de plutôt bien me débrouiller. Saeb aussi y va de ses questions. La réunion se termine au bout d'une heure environ. Les Israéliens sont désormais informés du travail réalisé côté palestinien sur cette question essentielle. C'est déjà ça de pris. Quand on est palestinien, on apprend à se satisfaire de petites victoires.

Quelques jours plus tard, le Hamas fait un communiqué. Le mouvement islamiste suspecte la Sulta de brader le droit au retour. Selon le Hamas, l'Autorité serait disposée à accepter d'en limiter l'exercice au sein du futur État palestinien. C'est un peu caricatural, mais pas dénué de fondement. La vérité est que depuis mon arrivée à la NSU je n'arrive pas à déterminer les lignes rouges d'Abou Mazen et de ses fidèles. Jusqu'où sont-ils prêts à céder sur la question des réfugiés pour arriver à leurs fins ? Sont-ils capables de faire une croix sur le droit au retour en échange de leur État ? Je ne peux pas l'exclure.

C'est Sari Nusseibeh [73] qui a auguré il y a quelques années avec son homologue israélien Ami Ayalon cette sombre perspective visant à lâcher le droit au retour des

---

73. Sari Nusseibeh est professeur de philosophie et président de l'université Al Qods à Jérusalem. C'est aussi un homme politique palestinien réputé pour ses prises de position « modérées ». Il est l'auteur d'une autobiographie à succès : *Il était un pays. Une vie en Palestine*, Paris, Lattès, 2008.

réfugiés en échange de l'établissement d'une Palestine avec Jérusalem-Est comme capitale. Avant cela, au début des années quatre-vingt, Nusseibeh avait été un des premiers à se résoudre à la solution des deux États. À chaque fois, il s'est attiré les foudres de ses compatriotes l'accusant de trahison. Si son parcours témoigne de la lente mais inéluctable érosion des positions palestiniennes, aujourd'hui, 15 ans après les accords d'Oslo, Nusseibeh pense que la solution des deux États a vécu. Pour lui, Israéliens et Palestiniens sont en train de laisser passer leur dernière chance.

Il pense qu'il est maintenant temps pour l'OLP de faire son aggiornamento. Les Palestiniens vont devoir envisager à nouveau l'idée d'un seul État pour tous et combattre pacifiquement pour une égalité de droits au sein de cet État. Comme en Afrique du Sud. Le processus s'annonce long, périlleux et difficile. Ce choix n'emporte ni la préférence des Palestiniens, ni celle des Israéliens. Mais on a grillé les autres options.

Je suis en parfait accord avec ce constat.

Comme un signe du destin, Mahmoud Darwish meurt le 19 août. C'est lui qui avait rédigé la déclaration d'indépendance palestinienne de 1988 par laquelle l'OLP s'était résignée à vivre côte à côte avec les Israéliens sur seulement 22 % de la terre de la Palestine historique. La Palestine est en deuil.

Tristement, les funérailles du poète de l'exil sont récupérées par les caciques de l'OLP. Le Palestinien de Galilée, qui rêvait de retour dans son village natal, aujourd'hui en Israël, sera enterré à Ramallah. L'OLP n'a pas insisté auprès des Israéliens pour que Darwish puisse reposer à Al Birwa où sa mère vit encore. Les funérailles officielles ont lieu à la Muqata'a, le siège de la Sulta à Ramallah. Mahmoud Abbas et ses forces de sécurité, Mahmoud Dahlan et les généraux américains, des diplomates en nombre, sont là pour honorer l'âme du poète. C'est ce que l'on m'a dit. Convié à me rendre à ses obsèques avec mes collègues de la NSU, je n'y suis pas allé. Je n'y avais pas ma place. Tout comme les milliers de lecteurs anonymes de Darwish qui n'étaient, eux, pas invités.

*

Acte II : les Français entrent en scène. Ils veulent mettre leur papier sur la table au nom de l'Europe. Comme de bien entendu, l'OLP ne s'y est pas préparée. Saeb, soucieux de ne pas mettre en péril sa relation avec l'administration américaine, ne veut pas entendre parler de l'initiative. Le 20 août, un diplomate du consulat français est néanmoins mandaté pour nous présenter l'offre. Je participe à cette réunion à l'issue de laquelle Saeb précise qu'il se refuse à toute réponse officielle. Il demande néanmoins à la NSU de préparer ses commentaires sur la proposition dans la plus grande discrétion. Je suis chargé de coordonner ce travail.

Alors que je m'apprête à quitter son bureau, Saeb me fait signe de rester assis. L'air posé, il loue mon travail. Puis, presque martial, il me demande si je veux participer avec lui à la prochaine réunion de négociations sur les réfugiés. Le message était attendu. Il est clair. Je suis mis en face de mes responsabilités : soit je refuse et Saeb Erekat ira seul discuter le dossier avec Tal Becker. Soit j'accepte, et Saeb disposera au moins de mon expertise technique. Je serai aussi en position de rester informé du

161

développement des discussions avec les Israéliens. Je suis d'avis que l'épilogue de ce cycle de négociations n'est plus très lointain. Mon objectif sera de faire au mieux pour tenir les positions palestiniennes.

Je réponds oui.

Saeb prend acte de ma réponse.

Ça y est. J'ai franchi le Rubicon. Je suis passé du côté des négociateurs.

Maen Areikat, également présent, ajoute : « Dors bien Ziyad, ce ne sera pas une partie de plaisir. »

Je retrouve Saeb le 24 août. Une grosse journée nous attend. Elle débute par une visite au consulat français de Jérusalem. Le consul Alain Rémy a dû écourter ses congés en France. Il a été envoyé d'urgence pour vendre la proposition « européenne » des Français.

Assez rapidement, la réunion tourne court. Saeb explique qu'avant leur rencontre aux États-Unis, Livni et lui se sont mis d'accord pour rejeter toute immixtion de tierces parties dans leurs discussions. Saeb ne ménage pas son interlocuteur français. L'offre n'est pas très bonne, c'est vrai. Elle suggère certaines solutions en violation de la loi internationale, comme l'indemnisation des colons israéliens qui devront être transférés en Israël. L'UE se proposerait de payer pour 40 ans de colonisation en lieu et place d'Israël. Saeb a du mal à avaler le morceau. Le consul insiste : il est essentiel de maintenir le processus de paix en vie à l'approche de l'élection présidentielle américaine. Le négociateur palestinien ne cède pas :

« Nous n'allons pas empêcher la France de présenter son offre. Seulement, nous avons décidé avec les Israéliens de nous protéger d'un nouveau scénario "à la Camp David". S'il n'y avait pas les élections de Kadima, les Israéliens montreraient plus d'engagement [...] Je ne vais pas changer mes alliances. J'ai besoin de maintenir ma crédibilité. Vous ne pouvez pas, en tant que France, dévier du droit international. Si le prix à payer est de prendre ses distances par rapport au droit international, je ne veux pas de vous. J'ai besoin d'un accord qui puisse défaire le Hamas et qui me donne 70 % des votes palestiniens. »

Saeb me prend à partie d'un ton amical. Il veut que je fasse part de mon avis à mes compatriotes. Je fais une réponse de Normand. Saeb adoucit le ton :

« Je veux discuter avec Kouchner. Il faut que nous nous voyions tous les trois. J'ai une proposition confidentielle que je veux partager avec lui. Je vais en discuter aujourd'hui avec Tal Becker [...] Il ne sera pas possible d'atteindre un accord complet avant novembre à cause de la situation en Israël. Il y a trois scénarios possibles :

1. Un scénario "à la Camp David" : nous disons non. Nous refusons un accord parce qu'il ne satisfait pas nos intérêts. Ce sera alors un nouvel effondrement du processus de paix. Je ne laisserai pas cela se produire de nouveau. Cette expérience a été beaucoup trop douloureuse pour mon peuple dans un passé récent.

2. Continuer à discuter et faire nos meilleurs efforts afin d'essayer d'accomplir quelque chose d'ici la fin de l'année.

3. L'alternative que je propose vise à maintenir en vie les objectifs annoncés à Annapolis. Arrivé novembre, la

Négociations

situation se sera calmée en Israël. Livni et moi nous rencontrerons avec Kouchner en vue de développer une matrice. »[74]

Il insiste sur le caractère extrêmement confidentiel de cette dernière proposition. Le consul paraît soulagé. Nous quittons le salon du consulat. Saeb ne cache pas sa satisfaction. Il est heureux de son coup. Il a été à la limite de la correction avec les Français mais force est de constater qu'il a bien mené sa barque lors de la réunion. Pour ce qui est de la stratégie d'ensemble, en revanche, je suis loin d'être convaincu.

Saeb et moi nous remettons en route. Tal Becker nous attend à l'hôtel *Inbal* voisin. Cette fois, il est seul. Visage rond, petite kippa sur la tête, il accueille Saeb chaleureusement. Il me salue ensuite, poliment. C'est ma deuxième réunion avec les Israéliens. Cette fois, je ne suis plus là en tant qu'expert. Je suis négociateur. C'est invraisemblable. Mais cela fait bien longtemps que les meilleurs cerveaux palestiniens, nos professionnels les plus expérimentés, ne veulent plus entendre parler de « processus de paix ». Ils ont pris leurs distances avec l'OLP de longue date. Il ne faut pas chercher plus loin la raison de la présence dans cette salle, aux côtés de Saeb Erekat, d'un avocat français d'une petite trentaine d'années qui a mis les pieds pour la première fois en Palestine il y a un an à peine.

Saeb commence par informer Tal du plan secret discuté avec les Français. Si aucun accord n'est trouvé

---

74. L'idée est de sceller les positions israéliennes et palestiniennes dans un document qui sera conservé par les États-Unis et la France, et transmis à la prochaine administration américaine dans l'espoir d'une reprise des pourparlers.

avant la fin de l'année, un tableau avec les positions des deux camps sera remis aux Américains et aux Français dans l'espoir d'une reprise des négociations en 2009. Tal est d'accord sur le principe, à condition que cela reste strictement confidentiel. Il ajoute que Condoleezza Rice est sous pression et qu'elle risque de tout faire pour forcer la conclusion d'un accord avant la fin du mandat du président Bush.

Le négociateur israélien fait ensuite part de ses commentaires personnels sur le travail que nous avons présenté sur le mécanisme international. Il explique calmement en quoi notre vision lui pose problème. Je prends ses remarques en notes. J'attends qu'il termine pour lui répondre point par point.

Il fait très chaud dans cette pièce. Tal commence à transpirer. Saeb a également sorti son mouchoir pour s'éponger le front. L'Israélien se lève pour remettre l'air conditionné en route. La discussion dévie rapidement sur la responsabilité israélienne dans la création du problème des réfugiés. La guerre d'indépendance israélienne s'oppose à la Nakba palestinienne. Inévitablement, ça s'emballe :

SAEB. – La reconnaissance de responsabilité est une question bilatérale. Je ne veux pas que les Américains prennent part à cette discussion.

TAL. – Nos histoires respectives ne peuvent pas être réconciliées. Vous pensez que vous êtes les victimes. Nous pensons que *nous* sommes les victimes.

SAEB. – Comment pouvez-vous sérieusement penser que vous êtes les victimes du conflit israélo-palestinien ?

TAL. – Les armées arabes nous ont envahis. Les Arabes n'ont jamais accepté le plan de partition. Votre problème, Saeb, et le problème des Palestiniens et des pays arabes, est que vous ne nous reconnaissez toujours pas, nous, comme un peuple, le peuple juif. Le judaïsme n'est pas seulement une religion. D'abord, nous sommes un peuple.

Saeb est irrité. L'air conditionné a de nouveau planté. Je tente de mettre un peu d'ordre dans la discussion :

« Très bien. Considérons un seul instant que les histoires respectives de ce qui a pu se passer en 1947-1948 sont irréconciliables – ce que je ne crois pas, mais passons. J'ai deux commentaires :

D'abord, la question de la responsabilité israélienne concernant le sort des réfugiés palestiniens recoupe deux aspects : en premier lieu, les réfugiés ont été forcés de quitter leurs maisons – mettons les raisons qui ont causé cet exil de côté pour le moment. Ensuite, les Palestiniens ont été empêchés de retourner chez eux. Israël peut-il raisonnablement contester que des mesures juridiques concrètes ont été prises pour empêcher le retour des réfugiés palestiniens après 1948 ? Différentes lois de la Knesset ont reconnu et mis en œuvre la confiscation des terres des réfugiés. L'État d'Israël a refusé de donner aux réfugiés palestiniens la citoyenneté israélienne, etc. Ces lois ont été votées et sont toujours en vigueur. Elles sont en complète contradiction avec le droit international. Israël peut-il raisonnablement continuer à nier ces faits ?

En outre, on peut considérer que la communauté internationale a également une forme de responsabilité dans la création et l'absence de résolution du problème des réfugiés. Pensez-vous qu'Israël pourrait envisager la reconnaissance d'une responsabilité partagée avec la

166

communauté internationale ? Est-ce que cela faciliterait les termes de notre discussion ? »

Tal me toise, le regard sévère. Il ne répond pas. Il veut revenir à l'ordre du jour qui est selon lui le mécanisme international. Saeb est d'accord. Tal essaye de me coller sur une ou deux questions techniques en passant. Le chef de cabinet de Livni poursuit, sans prendre de gants cette fois :

« Pour parler simplement, je pense que votre vision [du mécanisme] est irréaliste. Mon avis est que le travail sur le mécanisme doit être mené en fonction des facteurs suivants :

– ce qui peut être vendu aux Israéliens et aux Palestiniens ;
– ce qui peut être offert par la communauté internationale ;
– ce qui peut marcher en pratique.

Israël n'acceptera pas de participer à un mécanisme où il devra prendre le risque d'affronter le veto d'autres pays, la Syrie par exemple. »

Saeb veut revenir à l'article sur les réfugiés. Il veut privilégier le document qui figurera dans l'accord. Depuis des mois, les deux compères essayent d'isoler les questions purement politiques qui seront décidées en dernier ressort par Olmert et Abbas. Au fur et à mesure des échanges, la question revient pourtant irrémédiablement sur le fond du dossier *via* le débat sur le mécanisme international. Tal veut imposer la direction des États-Unis sur la résolution du problème :

« Pourquoi pas l'ONU ? interroge Saeb.
– Nous n'avons pas confiance en l'ONU », répond Tal.

Je fais part en détail de mes réserves techniques et politiques face à l'éventuel leadership américain sur le mécanisme. Tal poursuit sur sa lancée : il ne peut accepter de faire référence au principe d'une entière compensation des réfugiés palestiniens. La restitution de leurs propriétés ? Faut pas rêver. C'est « naturellement » hors de question. Ce sont pourtant les droits des réfugiés palestiniens au regard du droit international applicable. Tal élude la question.

Il faut mettre fin à la discussion. Saeb nous annonce qu'il est attendu à Ramallah pour le lancement de son livre : *La vie est une négociation*. Je crois à une blague. Ce n'est pas le cas. Tal Becker conclut :

« Résumons-nous. Nous avons fait de bons progrès : les Israéliens sont notamment prêts à accepter la structure de l'article que vous avez proposé. Il faut cependant rester conscient du risque de créer des attentes que nous ne serons pas en mesure de satisfaire. »

Je dois me contenter de ces miettes qui visent à sauver les apparences. Il n'y a rien, vraiment rien, à tirer des Israéliens. Vivement que ces réunions s'arrêtent. Fin de l'acte II.

*

Je suis maintenant plongé dans l'action. Ce n'est pas qu'une impression. C'est bien réel : mes pincements au cœur et mon mal au ventre en témoignent. Je me prépare à la perspective d'un troisième round animé. Les choses devraient se décanter. Les Américains, Rice et ses conseillers, sont de retour. Les Français n'ont pas lâché l'affaire. De nouvelles réunions vont suivre avec Saeb et Tal. Je bosse beaucoup. Je dors peu.

Notre rencontre avec Jonathan Schwartz, conseiller juridique américain en charge du dossier israélo-palestinien, aura lieu dans les locaux de la NSU. Il nous y retrouve le 26 août à l'issue de ses réunions à Jérusalem avec Rice et compagnie. Schwartz connaît son sujet : il était déjà en fonction à l'époque des négociations de Camp David. C'était en 2000.

La sécurité américaine arrive sur les lieux en avance. Des malabars rasés, outillés d'oreillettes et de lunettes de soleil, inspectent les moindres recoins de nos bureaux. Schwartz arrive peu après, accompagné de la conseillère politique du consulat américain. Le fonctionnaire du département d'État américain est un homme d'une petite cinquantaine d'années au regard clair et à l'allure athlétique. Il est présenté à l'ensemble de l'équipe.

Schwartz a reçu instruction de Rice d'élaborer un papier sur le mécanisme international. Il est là pour aborder la question avec nous. La réunion se prolongera pendant près de trois heures. Les moindres détails du mécanisme sont passés au crible, dans un climat toujours poli et constructif.

Schwartz nous remercie à l'issue de la longue entrevue. Il ajoute qu'il est sensible à la qualité de notre travail et à notre engagement, compte tenu de la pression exercée sur l'OLP ces temps-ci, tout particulièrement sur la question des réfugiés. Ça a l'air sincère. Nous sommes sur le point de faire une pause avant de passer à la discussion sur les frontières, quand Schwartz m'interpelle :

« La secrétaire d'État m'a chargé de vous mettre en garde : nous ne voulons pas que les Français jouent le moindre rôle sur la question des réfugiés. Nous savons qu'ils souhaitent mettre leur nez dans les négociations. Il n'en est pas question. »

Son regard translucide reste posé sur moi, comme pour jauger ma réaction. J'imagine que le fait que je sois français fait de moi le premier des suspects. Il n'a pas tort. Au moment où il m'adresse sa mise en garde, j'ai dans mon sac, sous la table, le document qui contient les commentaires de la NSU sur l'offre française. Tout le monde me regarde. Je m'en tire par une boutade :

« Oh, vous connaissez les *Frenchies*, ils cherchent toujours à se faire remarquer… »

Nous nous levons de table pour souffler un peu. Je croise dans le couloir le manager de la NSU qui me demande de le suivre dans son bureau. Il est impatient d'être débriefé sur la réunion. Ce n'est pas tout. À l'issue de mon compte-rendu, il me fait un signe de la main : il souhaite poursuivre le reste de la discussion dans une autre pièce. Là, il m'annonce en chuchotant que les Français se montrent plus pressants concernant leur proposition. Ils veulent absolument nos commentaires. Saeb s'est finalement résolu à leur transmettre à condition que toute trace permettant de remonter à lui soit effacée du document. J'apprends que notre note est actuellement en cours de modification afin de répondre à ses conditions. C'est moi qui suis chargé de la porter le soir même aux Français. Mon patron me demande de me rendre à Jérusalem à l'issue de la réunion avec les Américains. Avant cela, il souhaite que j'appelle le consul français, qui a rendez-vous avec Kouchner le lendemain matin à Paris, pour le rassurer. Il me tend son portable pour que je passe le coup de fil. Cet appareil ne serait pas sur écoute.

Je retourne dans la salle de réunion, comme si de rien n'était. Ce n'est qu'à l'issue d'une nouvelle réunion sans fin que je me rends à Jérusalem-Est pour remettre le document à un diplomate français. J'ai choisi un petit hôtel à l'écart pour remettre l'enveloppe. Jérusalem-Est est un nid d'espions. Qui plus est, les Américains sont en ville.

Nous reverrons Jonathan Schwartz le lendemain matin au consulat américain pour une plus courte entrevue. À cette occasion, nous lui remettons le traité de paix préparé par nos soins. Il est un peu surpris. Apparemment, il n'a pas connaissance du document qui avait pourtant été remis à Rice à Washington. Il le parcourt et s'arrête à la dernière page. Il pointe du doigt l'endroit où l'accord doit être paraphé. Le sourire au coin de la bouche, il interroge la NSU :

« Dois-je comprendre que le traité sera signé seulement par l'OLP ? »

On se regarde tous, l'air un peu stupide. Mes craintes sont confirmées. La transmission de ce document sans plus d'explications était une piètre idée. Au mieux, nous sommes passés pour une délégation de négociateurs inflexibles. Au pire, pour des rigolos qui se refusent à prendre en considération le point de vue de la partie israélienne, aussi obtus soit-il.

*

Nous revoyons les Israéliens à l'hôtel *King David*, à peine 24 heures plus tard. Après quelques propos convenus sur le professionnalisme de Jonathan Schwartz et nos réunions avec lui, Tal Becker distille ses bons points et ses conseils :

« Je suis très heureux des efforts manifestés de chaque côté. Mais nous devons rester prudents car nous créons des attentes du fait de l'avancée de notre travail. »

J'appuie ses propos et m'inquiète du fait que, selon Schwartz, Rice pense que les parties sont maintenant d'accord sur 90 % des questions touchant aux réfugiés. Tal est d'accord. Il ajoute :

« Rice fait preuve d'un manque de connaissance des dossiers. C'est vrai pour Jérusalem. C'est également vrai pour les réfugiés. »

Les échanges reprennent sur la rédaction du fameux article qui sera intégré dans le traité de paix. Chacune de ces réunions est courte. Une heure, une heure et demie maximum. Pour Tal et Saeb, c'est la routine. Ils se sont déjà rencontrés à plus de 200 reprises depuis le début de l'année je crois. Un nouveau rendez-vous est fixé pour le dimanche 30 août. Le Ramadan aura débuté. Saeb exige que la nourriture disparaisse de la table de réunion. Il voit déjà les islamistes lui reprocher de festoyer avec les « sionistes » au beau milieu du jeûne musulman. Tal propose que l'on se réunisse après le coucher du soleil. Saeb est d'accord.

On se retrouve donc deux jours plus tard. Immanquablement, on en revient au mécanisme qui cristallise les divergences israélo-palestiniennes. Les deux parties sont prisonnières de leur refus de s'attaquer au cœur du dossier. Je reviens sur nos réserves concernant un éventuel leadership américain sur la question. Saeb poursuit pour clarifier son état d'esprit :

« Je ne dis pas non au leadership des États-Unis. Mais encore faudrait-il le définir et j'aurais besoin de garanties. Je ne veux me mettre personne à dos. Nous avons rencontré les Français. L'Union européenne pourrait offrir sa contribution financière. Les parties peuvent se mettre d'accord sur l'entité qui pilotera le mécanisme : l'OLP, les États-Unis et Israël décideront. Je connais l'avis de Ziyad mais je vais devoir obtenir la décision d'Abou Mazen sur cette question. Vous devez comprendre que nous subissons une pression énorme, surtout sur ce dossier. »

Le négociateur de Jéricho semble avoir enfin pris la mesure de l'enjeu. J'ai l'impression que mon travail commence à porter ses fruits. Tal tente de caresser son interlocuteur palestinien dans le sens du poil :

« Saeb, vous pouvez supporter la pression.
– Moi peut-être, oui. Mais pensez aux autres.
– Laissez-moi expliquer quel est notre souci ici. Le fardeau qui pèse sur nous [sur la question des réfugiés] est trop lourd. Nous ne jouerons pas un rôle actif dans le mécanisme. Les États-Unis en prendront la direction. »

Tal a décidé de pousser le bouchon encore un peu plus loin aujourd'hui. Il nous dévoile un secret de polichinelle, jusqu'alors passé sous silence. Il nous explique que le texte de l'article sur les réfugiés palestiniens doit intégrer au moins une référence implicite au futur règlement du sort des réfugiés juifs[75]. Je suis trop heureux de pouvoir enfin engager cette discussion que j'attendais de longue date. Mais Saeb m'arrête net. Il fulmine :

« La question des refugiés juifs n'a pas sa place dans ce texte ! Ne chargez pas la barque, Tal. Ne jouez pas à ce jeu avec moi... »

Les deux parties s'accordent finalement pour que chacune mette à jour une nouvelle version de l'article en vue de la prochaine rencontre. Nous rangeons nos notes. Saeb a déjà repris son téléphone portable en main. Nous sommes sur le point de prendre congé quand Tal me prend à partie :

« Ziyad, vraiment, il n'y a jamais eu de discussion si poussée sur cette question des réfugiés. Mon sentiment est que les refugiés palestiniens n'ont jamais été aussi bien défendus. Sincèrement, Ziyad, votre travail fait une vraie différence. »

Il me sourit.

Je regarde Saeb. Il a levé la tête de son portable.

Je ne vois pas trop où Tal Becker veut en venir. Je n'ai pas particulièrement envie de faire copain-copain avec le négociateur israélien. Je suis méfiant. Il poursuit :

« Non, franchement, quand je vois ça, je me dis que j'aimerais être un réfugié palestinien. »

Sa réflexion me laisse sans voix. Je suis scié. Ma réponse ne vient qu'après un long silence :

---

75. À la suite de la création d'Israël, des centaines de milliers de Juifs résidant jusqu'alors dans les pays arabes furent dépouillés de leurs biens et de leur nationalité d'origine. La majorité d'entre eux rejoignirent le nouvel État.

« Je ne peux pas croire que vous pensiez vraiment ce que vous venez de dire. »

Tal Becker met lui aussi un moment pour réaliser l'énormité de ses propos. Il se reprend :

« Je plaisantais. Je suis désolé. »

Nous reprenons la voiture avec Saeb pour Ramallah. Comme d'habitude, il est au téléphone. Comme souvent, c'est avec un journaliste. À plusieurs reprises depuis que je travaille avec lui, j'ai essayé de lui parler pour tenter de cerner le personnage. Entreprise difficile, le négociateur est toujours entre deux rendez-vous. L'homme court sans fin. À mes yeux, c'est une course dans le vide. Pour lui, c'est un marathon : la poursuite de la paix est un sacerdoce qui ne tolère aucune baisse de régime.

Saeb vient de raccrocher son téléphone. Il est las. Nous roulons le long d'un champ d'oliviers qui a été rasé par l'armée israélienne. Je tente ma chance :

« J'ai trouvé les propos de Tal en fin de réunion inacceptables...
– Parce que tu trouves que tout le reste est acceptable ? »

Saeb pointe les centaines de troncs d'arbres coupés à la racine. Il poursuit :

« Ziyad, ne te fais pas d'illusions. Nous n'avons pas les moyens de lutter contre les Israéliens. Nous leur jetons des pierres, ils envoient leurs tanks. Nous prenons les armes, ils envoient leurs F-16. Ils sont trop forts. Ce sont des brutes. En tant que responsable politique, je ne peux pas prendre le risque d'une nouvelle Intifada. La deuxième révolte a fait 5 000 morts [côté palestinien]. Je ne peux pas me permettre un nouveau Camp David et ce qui a suivi. Tout ce qu'il nous reste, ce sont nos cerveaux et notre capacité à convaincre les Israéliens qu'un accord est indispensable pour eux. »

La sonnerie de son portable retentit à nouveau. Il ne s'arrêtera plus de sonner jusqu'à notre arrivée à Ramallah.

*

Comme prévu, on se revoit avec les Israéliens le 31 août après le coucher du soleil. C'est notre quatrième réunion. Je n'y vois pas franchement plus clair. Je sais juste que nous faisons fausse route. Tal est de nouveau accompagné de Daniel Taub. Chaque délégation revoit l'article préparé par l'autre, censé refléter l'état de nos discussions.

Tal, une fois de plus, verse dans l'autosatisfaction : « Je crois que nous avons fait beaucoup de progrès. Les questions suivantes nous divisent encore : la responsabilité, le retour, la restitution et l'indemnisation… »

En résumé, tout reste encore à négocier… C'est la méthode Coué. Nous reprenons ensemble les articles, un par un. La discussion se poursuit tranquillement jusqu'à ce que Saeb soit interrompu par un coup de fil. C'est un appel important. Il quitte la salle de réunion. Je me retrouve seul face aux Israéliens.

Tal m'interroge sur une modification que nous suggérons. À plusieurs reprises dans l'article, nous faisons référence au « traité » dans son ensemble plutôt qu'au seul « article » sur les réfugiés. Je lui remémore la structure du traité de paix projeté : l'article dont nous discutons la rédaction fera partie intégrante de cet accord qui inclura également plusieurs annexes dont une portera sur les réfugiés. Autrement dit, l'article n'est en soi pas suffisant pour résoudre complètement cette question. Il s'agit juste d'un accord sur les principes qui doivent gouverner le règlement du sort des réfugiés palestiniens. Les parties devront ensuite s'entendre sur les détails techniques de la mise en application de la solution. C'est ainsi qu'il doit comprendre notre référence au « traité » dans son ensemble.

Tal me reprend :

« Toutes nos obligations [israéliennes] concernant les réfugiés seront incluses dans cet article. Nous ne discuterons plus des réfugiés après cela. Nous nous sommes mis d'accord avec Saeb. »

Je bafouille :

« Je ne suis pas sûr de bien comprendre…

– Cet article comprend tous les points dont nous allons discuter de manière bilatérale. Les Israéliens ne seront plus impliqués après cela. Le processus deviendra alors multilatéral. C'est pour ça que nous voulons que les États-Unis soient impliqués. Ils prendront la direction du processus.

– Je croyais que nous étions d'accord pour discuter d'abord du cadre et des principes de l'accord sur les réfugiés et des autres questions du statut permanent avant un nouveau cycle de négociations portant sur les détails techniques ? !

– Non, ce n'est pas réaliste. Nous nous sommes mis d'accord sur ce point avec Saeb.

– Eh bien, si c'est le cas, ça n'a pas de sens. Le document que nous discutons actuellement est totalement obsolète sans un accord complémentaire sur les détails du dossier. En l'état, toutes les obligations israéliennes deviendraient de vagues engagements qui ne pourraient pas être mis en application. Sur la base de ce seul document, comment puis-je déterminer quelle sera la contribution financière d'Israël à l'indemnisation des réfugiés ? Vous nous dites que vous acceptez de payer une contribution mais sans prendre d'engagement quant à son montant. C'est encore une fois la communauté internationale qui va être sollicitée pour couvrir les dépenses... C'est ça l'idée ? Techniquement, vous aurez une déclaration de principes bilatérale israélo-palestinienne qui sera imposée aux participants d'un processus de résolution multilatéral ? Vous pensez qu'ils vont accepter cela ? Y avez-vous seulement réfléchi sérieusement ? »

Tal est irrité :

« Le second processus pourrait également être trilatéral, avec les États-Unis.

– Si les parties envisagent sérieusement cette option, elles devraient commencer à penser aux implications techniques, légales et pratiques de ce choix. À ce stade, nous devrions alors dresser la liste des questions clairement bilatérales avant d'aller plus avant. »

Saeb revient dans la pièce. Je lui fais immédiatement part de ce que Tal vient de m'apprendre. Je le presse de m'indiquer si nous sommes réellement en accord avec les Israéliens sur ce qu'ils proposent. Saeb détourne le regard. Tal Becker coupe mon élan :

« Ziyad, nous vous avions demandé lors d'une réunion précédente de clarifier quels étaient les fondements juridiques sur la base desquels les Palestiniens réclament des réparations pour dommages non matériels... »

Tal essaye de détourner mon attention du piège qu'il nous a tendu. Ou du « compromis », de la reddition devrais-je dire, dont il a été préalablement convenu. Saeb reste silencieux. Comme s'il ne m'entendait pas. Je n'ai d'autre choix que de tendre à Tal Becker une note que j'avais préparée sur les réparations dues aux réfugiés palestiniens à raison des dommages non matériels subis après 60 ans de dépossession et d'exil forcé. La discussion tourne rapidement aux plaidoiries. Je déroule mon argumentation. Mécanique, elle est comme prononcée par un autre. Je sais qu'elle est futile. Mon esprit est ailleurs, bloqué sur le tour de passe-passe des Israéliens, apparemment validé par Saeb. Ce dernier met d'ailleurs rapidement fin à l'exercice de style :

« Je sais que je ne dois pas interrompre deux avocats au milieu d'un argument mais, s'il vous plaît, remettons ce débat à plus tard. »

La réunion se termine. Je me précipite vers Saeb pour clarifier le point crucial qu'il rechigne à élucider. Il a déjà décroché son téléphone. On lui souhaite les vœux de Ramadan. Je me poste face à lui, à deux mètres à peine. De la main, il me fait signe de ne pas l'attendre. Saeb tourne les talons. Il me file entre les doigts... Le dossier aussi, j'ai l'impression, même si le couperet tarde à tomber. Dans l'attente de cette chute, la mémoire de Habib, l'avenir d'Eissam, la reconnaissance d'une partie de mon identité, la Palestine, sont encore en suspens.

X

« L'offre généreuse »
Septembre / octobre 2008

Le processus de paix s'est enlisé. Pour moi, cela ne fait plus aucun doute : c'est terminé. Paradoxalement, c'est le moins terrible des scénarios. Une fois de plus, la conclusion d'un accord un tant soit peu équitable avec Israël était hors de portée des Palestiniens.

L'actualité politique israélienne est venue solder les dernières illusions des négociateurs. Ehoud Olmert est dans la ligne de mire de la justice de son pays. Tzipi Livni mène une campagne tambour battant pour ravir la direction du parti Kadima.

De l'autre côté du mur, le Ramadan a eu raison des dernières énergies palestiniennes. À l'issue du jeûne musulman, les Israéliens prendront eux aussi un long repos pour les fêtes juives. Il est grand temps de passer à autre chose. Il manque juste quelqu'un du côté de Ramallah pour dresser l'état des lieux de sortie de ce cycle de négociations désastreux. La maison Palestine est fissurée de partout. Les fondations de l'édifice n'avaient, en réalité, même pas encore été posées.

Après un mois d'août exténuant, septembre s'annonce plus calme de mon côté. Mahmoud Abbas, Saeb Erekat et les autres sont pendus à l'actualité israélienne. C'est fascinant de voir les chefs de Ramallah développer leur analyse des affaires domestiques israéliennes. Chacun y va de son pronostic. Chacun a son favori. Quelles sont les chances d'Olmert de sauver sa peau ? Celles de Livni d'empocher le morceau ? Ça semble les passionner. À vrai dire, il ne leur manque que le droit de vote.

Le 6 septembre, la police israélienne met fin au sursis du Premier ministre israélien : elle recommande la mise en accusation d'Olmert pour son rôle présumé dans de sombres affaires de pots-de-vin. Si elle doit intervenir, la destitution du chef du gouvernement pourrait cependant prendre du temps. Il est d'ailleurs vraisemblable qu'Olmert préfère la démission à cette fin encore plus douloureuse. D'ici là, dans l'attente de la formation d'une nouvelle coalition gouvernementale israélienne ou de l'organisation de nouvelles élections, il reste en poste. Très affaibli, cela va sans dire. Livni, elle, accède à la direction du parti Kadima. Une page est en train de se tourner. Un affrontement avec Bibi Netanyahou pour reprendre les rênes du pays se profile à l'horizon.

Pourtant, au beau milieu de la torpeur du Ramadan, tout s'emballe soudainement. Aussi surprenant que cela puisse paraître, on n'en a pas encore totalement fini avec les négociations. Un quatrième épisode s'annonce. La tragi-comédie va reprendre. C'est Rosh ha-Shanah, le Nouvel An juif : Olmert a pris de nouvelles résolutions. En quelques jours, alors qu'Israël, que les Palestiniens, prennent leurs paris sur la date de sa démission, il enfile les annonces fracassantes. Tout y passe : le 15 septembre 2008, dans une interview accordée au journal *Yediot Aharonot*, Ehoud Olmert affirme qu'il a offert 98 % de la Cisjordanie aux Palestiniens. Le même jour, il exprime sa tristesse au regard du sort des réfugiés. Il ajoute qu'Israël est « désireux d'être partie à un mécanisme international pour rechercher les solutions à ce problème ». À peine deux semaines auparavant, Tal Becker nous soutenait le contraire. Qui croire ? Certes, pour Olmert, la solution au problème des réfugiés palestiniens doit également être trouvée au sein de l'État palestinien, mais il affirme avoir fait un geste dans le cadre de ses pourparlers avec Abbas : il aurait accepté que 5 000 d'entre eux retournent en Israël. Reste Jérusalem. On ne comprend pas très bien ce qu'il a pu proposer : Olmert lui-même a nié jusqu'ici que la question était discutée avec l'OLP. Cela ne l'empêche pas de conclure dans la presse que l'absence d'accord est le résultat du manque de courage de son interlocuteur palestinien.

Le bureau du président de l'Autorité palestinienne, l'OLP et la NSU, sont sous le choc. La prétendue « offre » est encore à cent lieues de ce qui pourrait être accepté par un dirigeant palestinien « modéré ». Mais Olmert a enfin proposé quelque chose. Pas aux Palestiniens, mais aux médias, à l'opinion israélienne et internationale. Les positions avancées sont en effet déconnectées de ce qui a été discuté à la table des négociations. Le Premier ministre a fait fi des accords de confidentialité qu'il avait avec la direction de l'OLP. Il a pris ses partenaires de paix à revers. Mais cet ancien partisan du Grand Israël, du Jourdain à la Méditerranée, certes poussé vers la sortie, affirme maintenant qu'il est prêt pour le compromis territorial. Cet ancien maire de Jérusalem, grand promoteur de la colonisation de la partie orientale de la ville, abat ses dernières cartes. Au seuil de sa mort politique.

Il annonce d'ailleurs finalement sa démission. Il fait une nouvelle sortie dans les médias et affirme qu'Israël doit se retirer de Jérusalem-Est et du Golan. Venant d'un Premier ministre israélien, la déclaration est historique.

Seulement voilà, Olmert est désormais Premier ministre par intérim. Son temps est compté. Juridiquement, il est toujours aux affaires. Mais politiquement, il ne vaut plus un shekel. L'OLP, prise au dépourvu par cette charité soudaine, ne sait pas comment réagir. Le spectre de « l'offre généreuse » d'un autre Ehoud, Barak cette fois, hante la direction palestinienne de Ramallah[76]. Cette fois-ci, il ne faut pas se louper.

Alors que les premières voix s'élèvent déjà pour affirmer que les Palestiniens ont une nouvelle fois raté une occasion unique de faire la paix, l'OLP ne peut rester silencieuse. Tous les regards sont désormais tournés vers Mahmoud Abbas. Faut-il emboîter le pas à Olmert ? Faut-il au contraire contredire ses déclarations ? Abbas ne connaît même pas les termes exacts de ladite offre. Nous n'en savons pas plus que ce qui s'écrit dans les journaux. La présidence nous enjoint de rédiger dans les meilleurs délais un courrier à l'attention du bureau du Premier ministre israélien : les termes de sa proposition doivent être clarifiés. Notre document, largement étayé de nos questions sur chacun des dossiers du statut permanent, est envoyé d'urgence. À ce jour, à ma connaissance, le président Abbas attend encore sa réponse.

---

76. Lors du sommet de Camp David, le Premier ministre israélien Ehoud Barak avait fait état aux médias d'une « offre généreuse » que Yasser Arafat aurait refusée, faisant porter sur ce dernier la responsabilité de l'échec des négociations. Cette affirmation a été largement remise en cause par la suite par d'autres participants au sommet de Camp David. Lire sur ce sujet : SWISHER (Clayton E.),*The Truth About Camp David*, New York, Nation Books, 2004.

Nous serons donc les dindons de la farce. Comme d'habitude. C'est d'autant plus rageant que l'OLP avait cette fois-ci tous les moyens de prévenir une telle issue. La remise de la fameuse lettre à Condoleezza Rice aurait été un très bon moyen de se couvrir. Sa divulgation aurait pu nous permettre de rétablir la vérité, d'expliquer pourquoi les négociations avec Israël ne peuvent aboutir. Ou au moins de jeter un doute sérieux sur les déclarations d'Olmert. L'OLP n'a pas fait ce choix. Comme Saeb aime à le répéter, ce ne sera qu'un coup de poignard de plus dans son dos. Lui se relèvera sans doute. Abou Mazen, peut-être aussi. Ils en ont vu d'autres. Ce sont des survivants. Je ne donne en revanche pas cher de la Palestine. On a assez joué avec elle. À force de coups de pied, le ballon est crevé.

Les soucis s'accumulent, ce qui a pour avantage de ne pas me laisser le loisir de me lamenter sur mon sort. Jeune, j'ai joué au rugby. J'y ai récolté pas mal de bleus. Lorsqu'il m'arrivait de me plaindre d'un mauvais coup, mon père avait coutume de dire qu'il fallait se relever aussitôt. Car le prochain choc fait toujours oublier le précédent. La Palestine, c'est un peu ça. À force, ça ne fait même plus mal. On ne prend même plus la peine de riposter. À quoi bon ? La Palestine est depuis trop longtemps droguée de coups.

Nouveau plaquage à retardement : Abou Mazen nous a pris de court en annonçant dans le journal israélien *Haaretz* qu'il est disposé à se montrer conciliant sur la question des réfugiés. L'article est intitulé : « Nous ferons des compromis sur les réfugiés ». Le titre de l'article est néanmoins trompeur : c'est un miroir brisé des propos tenus par le chef de l'OLP. Malheureusement, le mal est fait. Le président Abbas a marqué un beau but contre son camp. Les réfugiés palestiniens des territoires, du Liban, de Syrie, de Jordanie et d'ailleurs apprécieront ces déclarations d'intentions gratuites. Elles sont faites directement aux Israéliens, sans la consultation des titulaires des droits sujets au rabais. Et sans contrepartie aucune.

Évidemment, la parution de l'article fait un tollé. La déclaration du chef de l'OLP est reprise par l'ensemble des médias arabes. La NSU est appelée à la rescousse. Le bureau du président nous demande de préparer des éléments de langage pour rectifier le tir. Cela faisait près d'un an que nous multipliions les démarches pour organiser une réunion avec lui et ses conseillers sur la question. Ne serait-ce que pour leur préciser, après près de 20 ans de négociations, que le nombre de réfugiés n'est pas de l'ordre de 4,5 millions comme Abbas le déclare dans *Haaretz*, mais plutôt de 7 millions... J'ai du mal à évacuer un immense sentiment de gâchis.

*

Nouveau vent de panique quelques jours plus tard. Saeb a appelé la NSU. Ce n'est pas moi qui l'ai eu au bout du fil, mais il était apparemment agité. Les Jordaniens lui ont remis un courrier portant sur la question des réfugiés. Ils souhaitent adresser ce document le plus rapidement au gouvernement israélien par voie diplomatique. On m'apporte la missive : les Jordaniens contestent qu'un éventuel accord sur les réfugiés entre l'OLP et Israël soit étendu aux Palestiniens qui sont devenus citoyens jordaniens. Ils estiment qu'en droit ces quelque deux millions d'individus sont représentés par l'État jordanien et non l'OLP. Le gouvernement hachémite n'est pas dupe. Il sent la fragilité de l'OLP dans ses négociations avec Israël et sait que les réfugiés risquent d'en payer le prix. Ils veulent sécuriser leur position juridique à cet égard. Amman a eu au moins la courtoisie de nous faire part de ses intentions avant de transmettre son courrier au gouvernement de l'État hébreu. Je suis sommé de préparer une réponse au plus vite. Saeb la fait suivre aux Jordaniens.

Saeb Erekat revient vers moi deux jours plus tard. Le roi de Jordanie a donné instruction à son ministre des Affaires étrangères de régler ce différend dans les meilleurs délais. Saeb me demande de me mettre en contact avec le conseiller juridique du ministre pour convenir d'un rendez-vous. Je suis envoyé dans la capitale jordanienne pour le rencontrer. Seul. Il s'agit de convaincre les Jordaniens qu'il est dans leur intérêt de continuer à agir de concert avec l'OLP dans le cadre des négociations portant sur les droits des réfugiés. J'ai l'impression d'être envoyé au front. Comme seule arme, j'ai à la main un cure-dent, qu'on me demande de brandir comme un étendard.

Je prends un taxi pour la frontière jordanienne. Le Ramadan touche à sa fin. Nous sommes le dernier vendredi du jeûne. Il est 11 heures à peine mais la chaleur est déjà accablante. La circulation bloque à la sortie de Ramallah. L'approche du *checkpoint* de Qalandiya est rendue impossible par une foule dense. Des centaines de voitures sont à l'arrêt. Il y a aussi des bus garés dans tous les sens. Ils viennent des quatre coins de la Cisjordanie. Les Palestiniens attendent de passer le poste de sécurité israélien pour être autorisés à prier à la mosquée Al Aqsa. C'est un chaos indescriptible. Les abords du *checkpoint* sont noirs de monde. La chaleur, l'attente, le jeûne, rendent la situation insupportable. Les esprits des automobilistes sont sur le point de griller. Des femmes et des enfants s'impatientent. Elles crient. Ils pleurent.

Les Israéliens ont décidé de fermer le *checkpoint*. Je perçois des mouvements de foule au niveau du poste de sécurité. Je devine des échauffourées. Des coups de feu sont tirés. Difficile de savoir ce qui se passe. Mon chauffeur, aidé par quelques Palestiniens, arrive enfin à se frayer un chemin. On s'éloigne peu à peu de l'agitation. Je reste le visage collé à la vitre. Je n'arrive pas à croire ce qu'il est advenu de la Palestine... Cette misère humaine est invraisemblable. Nombreux sont ceux qui se sont résignés à prier, dans la poussière, à quelques pas du *checkpoint*. Quelques dizaines de mètres plus loin, d'autres tentent d'escalader le mur. Peine perdue. Pure folie. Les pèlerins ne verront pas Jérusalem.

J'arrive en milieu d'après-midi à Amman. La capitale jordanienne, vide, ordonnée, sans âme, est d'un calme mortel. Les rues sont désertes. Le Ramadan n'arrange rien à l'affaire. Les habitants sont terrés chez eux. À l'abri de la chaleur, ils attendent patiemment le coucher du soleil.

Mieux vaut encore rester à l'hôtel. J'y fais quelques longueurs de piscine pour me détendre. Le conseiller jordanien me retrouve un peu plus tard pour la rupture du jeûne. C'est un homme aimable, d'une quarantaine d'années tout au plus. Il m'apprend qu'il a lui-même un parent d'origine palestinienne. Il travaille pour le gouvernement jordanien depuis une dizaine d'années. Auparavant, il a étudié aux États-Unis. Il a également été en poste à New York, à l'ONU.

Je maîtrise mieux mon sujet aujourd'hui qu'il y a quelques mois. Je lui présente le travail technique réalisé par la NSU. Mon message : les intérêts jordaniens sont totalement conciliables avec les objectifs poursuivis par l'OLP. J'insiste également sur notre volonté de partager avec la Jordanie toutes les informations relatives à nos négociations avec Israël. Mon discours semble passer. Nous nous revoyons le lendemain pour régler les dernières questions en suspens. Tout cela est constructif même si je sais que cette entrevue ne dissipera pas les doutes jordaniens quant à la capacité actuelle de l'OLP d'arriver à ses fins. En bref, j'ai l'impression qu'ils vont continuer à jouer collectif pour le moment, tout en restant vigilants. La lettre au gouvernement de l'État hébreu ne devrait pas être envoyée. Pas encore.

*

Une bonne nouvelle m'attend à mon retour à Ramallah : j'apprends que Rafic Husseini, le conseiller du président Abbas, a reçu une lettre d'une coalition de près de 80 ONG palestiniennes intitulée « Les droits des réfugiés et les négociations du statut permanent »[77]. Cette pétition rappelle qu'aucun règlement juste et durable du conflit israélo-palestinien n'est possible sans le respect des droits des réfugiés, au premier rang desquels la reconnaissance et la mise en œuvre du droit au retour. Le document a été signé par l'ensemble des factions palestiniennes, y compris les rivaux du Fatah et du Hamas. Belle surprise. Par les temps qui courent, ce n'est pas rien.

---

77. La pétition remise au président de l'Autorité palestinienne est reproduite en annexe V.

Le 23 septembre, Husseini n'a d'autre choix que d'organiser une conférence de presse au nom de la présidence. Il tente de se montrer rassurant. Alors que Mahmoud Abbas a soutenu le contraire dans la presse israélienne une semaine auparavant, son directeur de cabinet déclare qu'aucun négociateur palestinien n'acceptera de faire de compromis sur les droits sacrés des réfugiés palestiniens. La Sulta est noyée dans ses contradictions. L'OLP sait maintenant de quoi il en retourne : les quelques millions de réfugiés palestiniens et les organisations qui les représentent veillent au grain.

Je pars en vacances quelques jours, l'esprit un peu plus serein. Le risque d'un mauvais accord sur les réfugiés est maintenant derrière nous. J'ai l'impression d'avoir contribué à mettre en place quelques garde-fous qui empêcheront l'OLP de faire n'importe quoi dans les semaines à venir.

*

Je rentre à Ramallah le dernier jour de septembre. Les membres de l'équipe de négociations palestinienne commencent à se tirer dans les pattes. Abou Alaa a pris ses distances. À moins qu'il ait été volontairement écarté. Je ne connais pas le fin mot de l'histoire. Le vieux politicard « fatahoui » a sans doute réalisé qu'il avait beaucoup à perdre en restant impliqué dans ces négociations agonisantes. Ses récentes déclarations sur l'État binational sont vraisemblablement à replacer dans ce contexte. Abbas et Saeb n'ont que peu apprécié. Toujours est-il que des directives divergentes circulent maintenant parmi les négociateurs palestiniens. Certains, proches d'Abou Alaa, obéissent à ses ordres, mais la majorité est fidèle au président et à Saeb. C'est le cas de la NSU. Mahmoud Abbas est contraint de faire le ménage. La charge de présider ce qu'il reste des pourparlers de paix revient désormais à Saeb, seul.

Sans surprise, l'administration américaine a exercé d'ultimes pressions pour tenter de sortir un document joint israélo-palestinien en vue de l'Assemblée générale de l'ONU. Peine perdue. Les positions étaient irréconciliables.

J'ai enfin un peu de temps pour moi. Je m'en réjouis. Jusqu'à présent, mon esprit et mon énergie ont été accaparés par la face sombre de la Palestine. Le 17 octobre 2008, j'assiste au premier match officiel de l'équipe nationale de football organisé en territoire palestinien. À Ram [78], à quelques kilomètres seulement de Jérusalem, avec le mur en toile de fond, la Palestine affronte la Jordanie. Au sein de l'équipe palestinienne, certains joueurs originaires du Chili ne parlent pas arabe. Les quelques Gazaouis de l'équipe sont arrivés *in extremis* pour le match. Ils n'ont même pas eu l'occasion de s'entraîner avec le reste de leurs partenaires. Côté jordanien, plus de la moitié des joueurs sont d'origine palestinienne…

Le stade est plein à craquer. Le contrôle des billets se fait à la tête du client par des sympathisants du Fatah. C'est un joyeux chaos. Des Palestiniens sont perchés sur les projecteurs du stade. À défaut de strapontins, ils suivront le match de là-haut. L'hymne palestinien retentit. « *Baladi, baladi…* », « mon pays, mon pays… » Le stade, le peuple de Palestine, s'époumone de toute son émotion. J'ai la chair de poule.

---

78. Voir carte p. 99.

« L'offre généreuse »

L'identité palestinienne me semble plus vivante que jamais. Au théâtre Al Kassaba, le centre culturel de Ramallah, j'assiste à la première du film *Le Sel de la mer*, une coproduction franco-palestinienne. Le film porte sur l'actualité du droit au retour. Faute de visa délivré par Israël, la réalisatrice n'a pu se déplacer pour assister à cette première projection en Palestine. Le film aura son petit succès en France.

Plus que jamais, la Palestine s'exprime par la culture, par le sport. Le contraste avec la déliquescence de la représentation politique palestinienne dans les territoires et en Israël est immense. Les Palestiniens se voient toujours nier la reconnaissance de leurs droits les plus essentiels par l'État qui préside à leur destinée, Israël. Politiquement, les Palestiniens sont dans un état de mort clinique.

Même leurs morts, en fait, ne se voient pas reconnaître le respect qui leur est dû : je sais aujourd'hui ce qu'il en est des sépultures à l'abandon, perdues dans le jardin public qui jouxte le consulat américain à Jérusalem-Ouest. Le jardin s'appelle le « parc de l'Indépendance ». Le cimetière est palestinien. Moyennant quelques shekels dans le parcmètre, ma voiture peut stationner ici, au pied de ces stèles. En revanche, les Palestiniens de confession musulmane dont les aïeux reposent ici ne peuvent plus accéder à ces sépultures depuis des décennies.

Ce n'est pas le fin mot de l'histoire : en cette fin de mois d'octobre 2008, la Cour suprême israélienne a mis fin à un long contentieux portant sur le sort de ces tombes. Le tribunal israélien vient d'accepter qu'un « musée de la tolérance » soit érigé sur les restes du cimetière musulman. Il aura vocation à promouvoir la coexistence entre juifs, chrétiens et musulmans au sein de la Ville sainte. Ainsi soit-il. Les travaux ont repris sans tarder. C'est le Simon Wiesenthal Project, une organisation juive basée à Los Angeles, qui est derrière le projet. Elle souhaite créer un centre de conférence, un théâtre, des musées pour adultes et pour enfants qui couvriront l'histoire juive et les relations d'Israël avec ses voisins arabes.

La décision de la plus haute juridiction de la « seule démocratie du Moyen-Orient » est naturellement motivée : aucune objection n'a été soulevée en 1960 quand la toute jeune municipalité israélienne de Jérusalem (qui s'étendait seulement à l'ouest de la ville à l'époque) a décidé de construire un parking sur une petite partie du cimetière. Il n'existe donc pas de raison légitime de bloquer aujourd'hui la construction du musée, envisagée sur l'ensemble du site. La cour israélienne a simplement enjoint la direction du beau projet de trouver un accord avec l'Autorité des antiquités israéliennes pour, au choix, déplacer les corps en vue de leur transfert définitif, ou installer une barrière entre le sol et les fondations du nouveau bâtiment afin d'empêcher l'endommagement des tombeaux.

Une nouvelle « offre généreuse », j'imagine.

XI

Obama
Novembre / décembre 2008

À mon réveil, le 4 novembre, le quarante-quatrième président des États-Unis d'Amérique est noir. Africain-américain, si vous préférez. Barack (Hussein) Obama a été élu à la magistrature suprême aux États-Unis. Un rêve est devenu réalité. L'Amérique s'est couchée au petit matin après une nuit d'hystérie collective. Le reste du monde se lève avec des étoiles plein les yeux. Tous les regards sont braqués sur lui.

Le pauvre.

Ce nouvel élan, ce souffle régénérant, n'a aucune prise sur moi. Je me tire du lit d'un corps lourd, plombé par trop de Palestine. Depuis quelque temps, chaque jour, c'est sans énergie, l'esprit vide, que je me mets debout. Cela fait de longues semaines que je n'espère plus rien. Ce moment d'histoire aurait pu au moins faire office de divertissement. Je n'ai même pas pris la peine d'allumer la télé. Amorphe, je m'assure juste de continuer à vaquer à mes occupations. Pour tenter de tromper la chute, l'illusion du mouvement est, seule, salvatrice.

À la NSU, nombreux sont ceux qui arrivent en retard ce matin-là. La faute à cette longue veillée consacrée à

195

l'élection américaine. L'effectif n'est au complet qu'en fin de matinée. On a à peine le temps d'échanger sur la nouvelle donne politique, que nous sommes rattrapés par une autre actualité, la nôtre. Elle nous prend de court.

Les appels téléphoniques se multiplient depuis Jérusalem-Est. Rapidement, notre standard sonne au rythme d'une alarme. On nous rapporte la présence d'un grand nombre de soldats israéliens, de policiers et de bulldozers dans le quartier d'Al Bustan[79]. Une centaine de maisons sont menacées de destruction immédiate. Les habitants, expulsés de chez eux, appellent au secours. Un peu plus tôt dans la matinée, cinq maisons ont été rasées dans les quartiers de Shu'fat et de Beit Hanina[80], également situés dans la partie orientale de Jérusalem.

Deux de nos collègues sont rapidement sur les lieux. Des échauffourées éclatent entre les Palestiniens délogés de chez eux et l'armée israélienne qui répond au désordre par des tirs à balles réelles et des grenades lacrymogènes. Des diplomates européens et américains ont également rejoint le théâtre de ces événements. Ils constatent les dégâts, en toute impuissance. La municipalité israélienne, dont le champ d'action s'étend illégalement à Jérusalem-Est, aurait pour projet de créer un parc municipal sur l'emplacement de ces maisons qu'elle est en passe de raser. Le jardin devrait prendre le nom de « parc de David ».

Aucun des dignitaires de l'OLP n'est présent sur les lieux. On arrive à les contacter en début d'après-midi. Ils affirment ne pas être au courant. L'un d'entre eux se pense

---

79. Voir carte p. 99.
80. Voir carte p. 99.

Il n'y aura pas d'État palestinien

rassurant en nous promettant de rapporter les événements au président Abou Mazen afin qu'il en fasse état lors de la prochaine réunion du Quartet à Charm El Cheikh. Les officiels joueront à cache-cache avec nous tout l'après-midi.

La vérité est que les représentants de l'OLP ne souhaitent pas se rendre sur les lieux. Plus que la confrontation avec les Israéliens, ils craignent le face-à-face avec leur peuple. Dans les quartiers palestiniens de Jérusalem, les critiques portent en effet autant sur l'inaction de l'Autorité que sur les exactions israéliennes. Certains pensent même que les destructions menées ce jour ne sont que le résultat des négociations entre les deux parties : les quartiers en cours de démolition seraient ceux que l'OLP a accepté de céder définitivement aux Israéliens.

Nous y voyons plus clair au bout de quelques heures. Israël profite du jour de l'élection d'Obama pour mener une campagne massive de démolition de maisons à Jérusalem-Est. Ce n'est pas tout : Israël a choisi ce même jour, le 4 novembre 2008, pour mener de nouvelles incursions à Gaza. Dans l'indifférence générale, le gouvernement israélien viole le cessez-le-feu conclu avec le Hamas il y a quelques mois. Résultat : six militants du Hamas tués et une bande de Gaza de nouveau sur la brèche avec des islamistes qui promettent de riposter pour venger leurs morts.

Le timing de ces opérations est tellement grossier que personne au sein de la NSU ne prend même la peine de le commenter. Le monde est sans gendarme. Les violences israéliennes s'intensifient, sans garde-fou. Le shérif américain n'était qu'un épouvantail qui ne trompait plus grand monde[81], c'est vrai. Mais c'est encore pire sans lui.

À Washington, alors que la période de transition à la tête de la présidence américaine vient de s'engager, Bush et Obama jouent la même partition. Celle du mutisme. Ce n'est que le lendemain, le 5, que l'on a du nouveau du côté d'Obama : le futur président aurait offert le poste de directeur de son cabinet à un certain Rahm Emmanuel. Originaire de Chicago, il serait un politicien averti et redouté du parti démocrate : un homme d'appareil et de réseaux au caractère bien trempé. C'est aussi quelqu'un de très croyant, fils d'un membre de l'Irgoun, qui s'est porté volontaire pour servir l'armée israélienne lors de la première guerre du Golfe en 1991. Ses prises de position de va-t-en-guerre lui auraient même valu le surnom de « Rahm Bo ». Soyons honnêtes : ce n'est pas très rassurant. Mais tâchons d'être justes : il faudra juger l'homme sur ses actes.

Cela doit également valoir pour Obama.

Le lendemain, une interview du père de Rahm Emmanuel paraît dans le journal israélien *Maa'riv*. À la question de savoir si son fils allait défendre les intérêts de l'État hébreu à la Maison-Blanche, l'Israélien répond : « Bien sûr que mon fils va influencer le président afin qu'il devienne pro-Israël. Vous pensez que mon fils est un Arabe ? Il ne va pas là-bas pour nettoyer les sols de la Maison-Blanche. Il y va pour faire un travail sérieux. »

---

81. De la conférence d'Annapolis au jour de ces démolitions, Israël a détruit 94 maisons palestiniennes à Jérusalem-Est. Durant la même période, 235 maisons palestiniennes supplémentaires ou autres structures ont été démolies dans le reste de la Cisjordanie.

En l'espace de 24 heures, le gouvernement israélien et le père de Rahm Emmanuel auront dépossédé les Palestiniens d'un nouveau droit : celui d'espérer d'Obama un monde meilleur.

*

Tellement de choses ont déjà été dites et écrites sur l'astre Obama. Dans un Moyen-Orient déchiré, son parcours, son faciès et son nom, interpellent. « Abou Hussein », comme on l'a un peu rapidement rebaptisé par ici, pourrait être l'un des nôtres, ou en tout cas plus à même de comprendre les aspirations des Arabes, des musulmans et des Palestiniens, que Bush.

À titre personnel, j'ai d'autant plus de sympathie pour Barack Obama que j'ai toujours rêvé d'être afro-américain. Sans rire. Basketteur raté de six pieds cinq pouces, je suis un pur produit de ma génération. Éveillé au monde de la musique et du spectacle par Michael Jackson, j'ai ensuite grandi au contact des sons revendicatifs du rap. J'ai été interpellé par le cinéma coup de poing de Spike Lee, fasciné par le show et la démesure des stars du basket NBA. Mes amis et moi nous sommes identifiés à la lutte des Noirs aux États-Unis. L'arrivée d'Obama sur la scène américaine ne peut me laisser indifférent.

Le Palestinien en moi voit les choses différemment. Au cours de sa campagne électorale, le candidat Obama s'est laissé aller à des déclarations catastrophiques : fin juillet 2008, à Sderot, cible fréquente des tirs de roquette du Hamas, Obama a affirmé que les Israéliens étaient en droit de riposter face aux attaques provenant de Gaza. Il n'a pas eu un mot sur le terrible sort des Gazaouis et le blocus qu'ils subissent. Les Israéliens, Ehoud Barak en tête, se sont empressés d'interpréter ces déclarations comme un blanc-seing donné par le favori de l'élection présidentielle. Devant l'organisation juive américaine AIPAC[82], Obama a fait encore plus fort : il a affirmé que Jérusalem est « la capitale une, indivisible et éternelle d'Israël »[83]. Voilà qui laisse subsister peu de place au doute : le nouveau président américain reste et restera tributaire de ses électeurs et de ses soutiens de campagne. Les incursions à Gaza et la politique israélienne de nettoyage ethnique de Jérusalem-Est se poursuivront.

Bien sûr, durant les derniers jours de la course à la présidence, on a appris qu'Obama avait un « ami palestinien » : le professeur Rashid Khalidi, enseignant de l'université de Columbia. Cette connaissance suspecte a fait l'objet d'une des dernières flèches lancées par la colistière du candidat républicain John McCain, Sarah Palin, pour tenter de déstabiliser le sénateur de l'Illinois. Les chaînes de télé Fox News et CNN se sont emparées du sujet en disant tout et n'importe quoi à propos dudit professeur. En vain. L'Histoire avait déjà choisi son camp.

Sans vouloir nier une certaine sensibilité d'Obama envers le problème palestinien – dont son prédécesseur était de toute évidence dépourvu – je ne le crois pas capable de changer substantiellement la position américaine vis-à-vis du conflit israélo-palestinien. Les

---

82. AIPAC (American Israeli Public Affairs Committee) se définit comme une organisation de lobbying en charge de la promotion de la politique et des intérêts israéliens aux États-Unis. Elle est notamment très active et influente auprès du Congrès et du pouvoir exécutif américain.

83. Face à l'émoi suscité par cette déclaration, Barack Obama reviendra plus tard sur ses propos.

États-Unis demeureront le premier allié d'Israël et la marge de manœuvre du président américain sur ce dossier restera extrêmement limitée. Les talents de prêcheur d'Obama, son charisme et son identité métissée présentent même un risque d'envergure : le nouveau chef d'État américain crée des attentes démesurées. Les désillusions risquent d'être à la mesure de ces attentes.

À dire vrai, cela fait longtemps que je n'attends plus grand-chose des États-Unis. Je me suis fait à l'idée que ces négociations sponsorisées par eux sont une perte de temps. Pire, les pseudo-pourparlers de paix nous ont déjà coûté trop cher en termes humains et politiques. La transition qui s'annonce aux États-Unis sera une nouvelle occasion donnée à Israël pour faire le ménage dans les territoires et continuer à avancer ses pions sur le terrain. Désormais, je sais aussi que l'OLP n'est pas en mesure d'obtenir d'Israël un accord équitable. Il ne faut pas s'y tromper, cela n'a jamais été le cas dans le passé. Et je doute sérieusement qu'il en soit ainsi dans le futur.

Je me suis donc résolu à l'évidence. J'ai décidé de ne pas renouveler mon contrat avec la NSU à son expiration le 15 janvier 2009. Le 9 novembre, je notifie ma démission et ses motifs par un courrier remis à mon employeur. C'est l'occasion pour moi de faire un premier bilan de mon année en Palestine :

« [...] Vous vous souvenez sans doute que ma décision de rejoindre la NSU il y a un an ne fut pas facile à prendre. Initialement, j'étais venu ici pour enseigner [...] Ainsi, malgré un vif intérêt pour le poste offert par la NSU, j'ai mis du temps à l'accepter. J'étais prêt à contribuer techniquement au développement du dossier des réfugiés, déjà très avancé. J'étais heureux d'être mis

Obama

en position d'assurer la promotion du travail de la NSU. Cependant, au vu des réserves politiques et des craintes dont vous êtes déjà informé, j'étais aussi sceptique vis-à-vis du processus d'Annapolis. J'ai finalement tranché et décidé de rejoindre la NSU, et de m'y engager pleinement, pensant que cet effort était peut-être la dernière chance de voir des négociations aboutir à "la solution des deux États".

En novembre 2007, l'objectif était fixé clairement : la création d'un État palestinien avant la fin de l'année 2008. Un an après le sommet d'Annapolis, le résultat est le suivant :

- Près de 500 Palestiniens ont été tués et un peu moins de 2 000 ont été blessés par les forces israéliennes.

- Israël a dramatiquement accéléré ses efforts de colonisation en Cisjordanie, y compris à Jérusalem-Est. Des centaines de *checkpoints* et autres barrières physiques au libre mouvement des Palestiniens à l'intérieur des territoires occupés, aucun obstacle n'a été levé.

- Enfin, le pays est encore divisé et l'OLP continue de poursuivre un règlement de paix illusoire avec Israël, plutôt que la réconciliation nationale.

Ce que j'ai décrit plus haut ne relève naturellement pas de la responsabilité de la NSU, dont le mandat est de préparer et de mettre à disposition son soutien technique dans le cadre des négociations.

Il relève cependant de ma responsabilité de décider si je souhaite continuer à être impliqué personnellement, au vu des événements de l'année passée et de l'orientation attendue de l'OLP. À ce stade, je suis convaincu que ce n'est pas dans l'intérêt des Palestiniens de voir la poursuite de ce processus. Dès lors, je ne souhaite plus y être associé.

Je dois ajouter que la situation du dossier des réfugiés est particulièrement catastrophique. Une opinion communément partagée parmi les réfugiés, les Palestiniens et les parties arabes, est que l'OLP ne représente plus les vues et les intérêts de la plupart des Palestiniens. L'OLP semble maintenant encline à utiliser les droits historiques des réfugiés palestiniens, qui restent le cœur du conflit, comme un jeton de négociation dans le cadre des discussions en cours, ce qui est un pari politique désastreux. Je suis sûr que vous comprendrez que j'ai mes propres lignes rouges puisque le problème des réfugiés demeure pour moi et pour ma famille une question profondément personnelle [...] »

Le manager de la NSU tente de me convaincre de rester. Maladroitement, il me propose une belle augmentation pour que je continue. Cette offre me braque d'autant plus. À défaut de pouvoir me convaincre, il me demande au moins de patienter un peu avant d'informer l'OLP de ma décision. Selon lui, la situation pourrait s'améliorer dans un futur proche, sur le front de la réconciliation interne palestinienne notamment. Je ne suis pas convaincu, loin de là. Mais j'accepte de suivre ses instructions. Je n'informerai pas Erekat et Areikat pour le moment. Je vais continuer de faire « comme si » pendant deux mois encore.

Les Israéliens, eux, ne font pas semblant. À Jérusalem-Est, les destructions de maisons se multiplient.

Ce même 9 novembre, aux aurores, ils ont expulsé une famille palestinienne, les Al Kurd, de leur maison de Cheikh Jarrah[84].

La famille Al Kurd vivait dans cette maison depuis 1956. À cette époque, la Jordanie et l'UNRWA avaient créé des logements pour accueillir des familles de réfugiés palestiniens en attente d'un retour au sein de leurs foyers situés à Jaffa[85], Ramle et Jérusalem-Ouest, aujourd'hui en Israël. C'est donc contrainte et forcée que la famille est devenue résidente de Jérusalem-Est, après son expulsion par les milices juives de leurs demeures de Talpiot[86] (actuelle Jérusalem-Ouest) et Jaffa en 1948. Depuis 1967, les Al Kurd sont sous la menace de revendications d'organisations de colons. Ceux-ci occupent de force une partie des lieux depuis 2001. En dépit d'une plainte du département d'État américain déposée en juillet dernier pour contester l'expulsion des Al Kurd, les colons sont en passe de voir leur acharnement payer. Ce terrain, Jérusalem-Est, est en train de devenir leur.

Soixante ans après la Nakba, les Al Kurd sont de nouveau à la rue, sans endroit où trouver refuge. Dieu sait ce que l'avenir leur réserve. En attendant, ils ne sont pas décidés à lâcher. Avec l'aide de leurs voisins et de quelques activistes, la famille Al Kurd va dresser une tente en face de leur maison. Vingt-six autres habitations palestiniennes sont sous la menace directe des Israéliens dans ce même quartier. Plus de 500 personnes sont concernées.

---

84. Voir carte p. 99.
85. Voir cartes p. 8.
86. Voir carte p. 99.

Ce 9 novembre se clôt par une déclaration du Quartet. J'y jette un coup d'œil par simple curiosité, avec le détachement un peu feint du tout jeune démissionnaire que je suis : aucune mention de la situation à Jérusalem-Est, aucun mot sur Gaza. En revanche, on apprend que Mahmoud Abbas et Tzipi Livni ont rendu compte d'un certain nombre d'accords sur les principes qui doivent gouverner le processus de négociation. Près d'un an après son entame. Il s'agit essentiellement du besoin de poursuivre des négociations directes et ininterrompues et du principe selon lequel rien ne peut être considéré comme décidé avant la conclusion d'un accord complet sur toutes les questions du statut permanent.

Le Quartet se félicite de ces progrès. Le Quartet a des œillères. Il refuse de voir dans ces négociations le trompe-l'œil qui masque les politiques agressives et le « gagne-terrain » mené par Israël en territoire palestinien. Pour ne rien arranger, le Quartet a la mémoire courte. À peu de chose près, la déclaration israélo-palestinienne est identique à celle faite à Annapolis en novembre 2008.

*

Les jours suivants me confortent dans ma décision de démissionner. Elle est irrévocable. Je ne suis d'aucune aide dans ma fonction. Je n'ai pas les moyens de lutter. Je ne suis qu'un leurre parmi tant d'autres, perdu dans l'écran de fumée « processus de paix ». Je sais que le rapport de force actuel rend illusoire toute recherche de compromis avec les Israéliens. Dans le futur, peut-être. Mais avec un autre objectif de négociation : il n'y a désormais plus assez de terre, plus assez d'eau [87], pour créer un « État Palestine » souverain et indépendant, vierge de toute présence israélienne.

Personne n'est arrivé à me convaincre de rester. Aucun parmi mes proches ou au sein de la NSU n'a trouvé les arguments. C'est tout le contraire. Pour être tout à fait juste, ils n'ont été que deux à avoir été en mesure de remettre en cause ma décision, l'espace de quelques heures au moins. Il s'agit de Mohammed et Ingrid, mes interlocuteurs au sein de Badil, une organisation de défense et de promotion des droits des réfugiés installée à Bethléem. Leur opinion, riche d'une dizaine d'années d'un travail exceptionnel mené sur le terrain, importait à mes yeux. Les mots qu'ils ont eus ont résonné avec force : à l'heure actuelle, on ne peut plus avoir confiance dans aucune institution côté palestinien. La cause palestinienne survit grâce à des individus de confiance. En ce sens, ma présence au sein de la NSU était à leurs yeux un atout. Ils pensent qu'il faut tenir, quelques années encore, et que l'avenir n'est peut-être pas aussi sombre qu'il pourrait y

---

87. Le problème de l'eau, souvent négligé à tort par les commentateurs de l'actualité israélo-palestinienne, est une des questions du statut permanent qui attend également d'être résolue. Depuis le début de l'occupation des territoires palestiniens en 1967, Israël a pris le contrôle de la quasi-totalité des eaux palestiniennes et nié le droit des Palestiniens à l'accès et à l'exploitation de leurs propres ressources. À l'heure actuelle, Israël s'octroie 89 % des ressources d'eau communes disponibles, le reste étant laissé aux Palestiniens. Un Palestinien reçoit ainsi en moyenne 60 litres d'eau par jour pour son usage domestique, certaines communautés devant se satisfaire de moins de 10 litres par jour (à Gaza notamment). Ceci est nettement inférieur au minimum de 100 litres journaliers recommandés par l'Organisation mondiale de la santé. La consommation individuelle moyenne journalière en Israël atteint, elle, 280 litres, soit plus de quatre fois celle prévalant dans les territoires occupés.

Il n'y aura pas d'État palestinien

paraître. Les paramètres de la lutte se redessinent progressivement, en profondeur. J'espère qu'ils ont raison.

Mohammed m'a couvé de ses yeux clairs, un sourire bienveillant au coin des lèvres. Il m'a raconté ses premiers pas quand il a commencé à promouvoir les droits des réfugiés le jour de la commémoration de la Nakba. Il était seul, ou quasi seul, à la porte de Damas à Jérusalem-Est. Souvent, il suscitait l'indifférence ou le mépris amusé de nombreux Palestiniens. Tout aussi fréquemment, il essuyait les crachats et les insultes des passants israéliens. Il m'a dit ça d'un ton calme, d'un air doux, sans aigreur aucune, comme animé par une foi inébranlable en la justice. Quelques années ont passé seulement et le monde sait maintenant que l'anniversaire d'Israël est aussi celui de la Nakba palestinienne. Le temps de cette entrevue, je me sens con, moi et mes états d'âme, devant le sacerdoce de Mohammed et d'Ingrid. La Palestine survit grâce à eux et tous ceux qui donnent leur vie à cette cause avec la plus estimable des dignités. J'ai décidé de quitter la NSU. Il est probable que je quitte la Palestine dans le courant de l'année 2009. Mais je me jure de trouver le meilleur moyen de me rendre utile dans le futur.

*

Il a été demandé à chaque conseiller de la NSU de préparer avec son chef de comité le bilan des négociations sur chacun des dossiers du statut permanent. Je me prépare tout seul pour les réfugiés et obtiens un rendez-vous avec Saeb pour faire le point. Je me rends à son bureau le jeudi 13 novembre, juste avant une réunion avec l'ensemble des négociateurs palestiniens.

À mes yeux, la manière dont les négociations sur les réfugiés ont été menées a été catastrophique. On a évité le désastre de peu. La vérité est que nous avons été sauvés par des circonstances totalement extérieures à notre affaire. Dans le désordre et sans que la liste soit exhaustive : on n'a pas trouvé de négociateur ; la coordination avec le président Abbas a été très insuffisante ; de même que celle que nous aurions dû assurer avec les pays arabes où résident les réfugiés, qui sont parties prenantes à ce dossier. Je suis également convaincu que nous aurions dû rendre compte de l'état des pourparlers aux organisations de réfugiés, d'une manière ou d'une autre. L'OLP ne peut continuer à négocier les droits individuels des réfugiés palestiniens dans leur dos.

Je réalise que c'est en réalité un bilan bien lourd que je dois présenter au chef négociateur palestinien. J'arrive devant lui avec le souci de lui présenter les choses de manière positive et de lui proposer les améliorations qui me semblent opportunes. Je ne peux pas prendre le risque de me le mettre à dos. Je ne peux pas me permettre de perdre son écoute dès le début de la réunion :

« Tout d'abord, Docteur, je crois qu'il faut rappeler la pression énorme que les Américains et les Israéliens ont exercée sur ce dossier, au cours de l'été notamment. Les Israéliens voulaient nous imposer le leadership américain. Rice voulait absolument que nous lâchions du lest sur les réfugiés. Même les Jordaniens ont semblé à un moment enclins à jouer leur carte tout seuls, indépendamment de nos négociations avec Israël. Sur tous ces fronts, alors que nous n'avions pas trouvé de négociateur pour prendre en charge le dossier, nous avons tenu bon… »

Saeb me coupe. Il surenchérit :

« Ziyad, vraiment, je suis très content de la façon dont j'ai négocié le dossier. Je crois que nous avons œuvré habilement et je compte poursuivre de la sorte. »

Sa réaction me prend de court. Saeb me dit cela avec un tel aplomb... Il a l'air fier de lui. Je tente de lui rappeler ses réserves initiales vis-à-vis du dossier.

« Bien sûr, Docteur, mais peut-être que maintenant que tout ceci s'est calmé, nous pourrions prendre le temps de chercher un négociateur qui souhaiterait être briefé et pourrait prendre la suite de notre travail ?

– Non, non. Je connais le dossier maintenant. Nous avons fait du très beau boulot. Je vais d'ailleurs suggérer à Abou Mazen de me donner l'entière responsabilité du dossier pour éviter les problèmes de coordination avec le bureau du président. »

Toujours aussi surpris, je poursuis la revue de ma liste de prescriptions :

« Docteur, maintenant que les négociations sont interrompues, peut-être est-ce le moment de revenir vers la société civile pour échanger au moins de manière informelle sur la question des réfugiés. Docteur, il faut que vous sachiez qu'il y a une vraie attente de leur part. Les gens sont inquiets. J'ai pensé que nous pourrions organiser une réunion en petit comité, avec quatre ou cinq représentants d'ONG de réfugiés afin de prendre un peu le pouls des camps, et transmettre les informations que nous jugeons utile de transmettre...

– Non, non, Saeb me coupe sèchement. Je ne veux pas avoir les ONG ou toute autre tierce partie sur le dos.

Personne ne doit interférer dans la manière dont je négocie le dossier. »

Il ponctue son avertissement d'un regard appuyé. Je fais mine de prendre note de sa réponse et poursuis :

« Docteur, quid de la coordination avec les États hôtes [88] ? Nous avons fait un bon travail pour préserver le lien avec la Jordanie mais je crois qu'une coordination avec la Syrie et le Liban, sur un mode flexible et confidentiel similaire, est également nécessaire si on veut s'assurer de la mise en œuvre future d'un éventuel accord dans ces pays.

– Non, non, ce n'est pas envisageable. J'ai dit pas d'immixtion de parties tierces. »

On frappe à la porte du bureau. On nous annonce que c'est l'heure de nous rendre à la réunion avec les autres négociateurs palestiniens. Saeb Erekat se lève. Je dois le suivre. Fin de l'entrevue.

*

S'il n'y avait que la situation des réfugiés... L'OLP semble tout aussi dépassée par la dégradation de la situation à Jérusalem-Est. Tout est lié en fait. Les réfugiés d'hier, originaires de Jaffa, de Jérusalem-Ouest ou d'ailleurs, sont aujourd'hui les résidents de Jérusalem-Est. Peut-être demain deviendront-ils les résidents de Ramallah. Et après-demain ? La Jordanie ? Qui sait...

---

88. Les États où réside l'essentiel des réfugiés palestiniens : Jordanie, Syrie, Liban.

En l'espace de quelques jours à peine, les Israéliens ont dressé une barrière autour de la famille Al Kurd et des résidents de Cheikh Jarrah qui refusent de quitter le site confisqué par l'armée. La tente de la famille Al Kurd a déjà été démontée puis remontée à plusieurs reprises sous la menace des bulldozers. La municipalité israélienne n'en démord pas : un parking sera construit sur le terrain des Al Kurd. Le projet a le soutien du cabinet de Livni. Les Al Kurd ne baissent pas la garde pour autant. Leur combat est devenu un symbole de la lutte des Palestiniens pour leur terre.

Le 23 novembre, Mohammed Al Kurd, le chef de famille, décède d'un long diabète aggravé par des problèmes cardiaques. Sa condition avait empiré depuis l'éviction de sa maison le 9 novembre dernier. Il laisse sa femme, Oum Kamal, seule en charge de l'avenir de ses cinq enfants et du reste de la famille.

1948, 2008 : la Nakba continue. Le souvenir de mon grand-père n'est pas très loin. Je ne sais toujours pas quoi en faire, mais je sais aujourd'hui qu'il ne me quittera jamais.

Le 3 décembre, c'est Oum Kamal Al Kurd qui fait à son tour l'actualité. Elle a décidé de prendre son avenir en main. Le moment est venu pour elle d'exercer son droit au retour dans sa maison de Jérusalem-Ouest. Une manifestation non violente organisée avec l'aide d'ONG et de militants de la société civile est stoppée aux abords de sa demeure. Elle doit rebrousser chemin. Nul doute qu'elle reviendra. Si ce n'est pas elle, ce sera un autre.

Une fois encore, l'OLP est dépassée par les événements. Son peuple ne l'attend plus. Cela fait quelques temps déjà que la Palestine n'a plus de chef : quatre ans, très exactement.

Le 9 décembre 2008, on célèbre en effet le quatrième anniversaire de la mort d'Arafat. Le Fatah organise un grand rassemblement à Ramallah, à deux pas de la NSU. Je regarde ça à la télé. Porté par la clameur et les bravos de la foule, Saeb Erekat est filmé en train de danser le *dabke*[89] au milieu d'une foule de Palestiniens enthousiastes. Je n'en crois pas mes yeux. Qu'est-ce qui lui prend ? Comment justifier ce comportement alors que l'on commémore le décès d'Arafat ? À croire que c'est sa manière d'exorciser le grand naufrage palestinien. Comme un affront au destin, il danse son sirtaki à lui. Comme Zorba, avec éclat, il se rit de son échec. Saeb, envers et contre tout, a fait le choix de la vie. Le choix de la vie sous occupation. N'a-t-il pas coutume de dire à ses interlocuteurs étrangers que son pire échec serait de voir un jour l'un de ses enfants devenir terroriste ? Ça, ou de les voir quitter le pays. Saeb demeure en Palestine. Je ne suis peut-être que de passage. Le Hamas, lui, ne lui pardonnera pas ces pas de danse. Le négociateur en chef, le « collabo » de l'OLP, est repris au vol dès le lendemain par les islamistes qui dénoncent ces démonstrations de joie indignes de la mémoire du raïs[90].

*

Les délégations israélienne et palestinienne ont convenu qu'une dernière réunion de compte-rendu doit intervenir sur chaque dossier. Il s'agit de faire le point sur

---

89. Le *dabke* est une danse traditionnelle populaire en Palestine et au Liban.
90. Le « président », en arabe.

les avancées enregistrées après un an de pourparlers. On est à quelques jours de la fin de l'année 2008. Cela fait des semaines que la pièce est en attente de son acte V.

Pour cette dernière séance sur les réfugiés, les deux délégations sont plus fournies. Saeb Erekat et moi-même sommes accompagnés de la coordinatrice de la NSU. Côté israélien, Tal Becker est accompagné d'Udi Dekel, le chef de leur délégation, et de deux autres conseillers. Parmi eux, un Arabe israélien. Saeb l'embrasse chaleureusement et l'interpelle en dialecte palestinien à son arrivée.

Il est 11 heures du matin. Nous avons une heure. La discussion s'engage sur de longues considérations liées à la situation politique du moment. Livni a laissé entendre dans une récente interview que l'avenir des Arabes israéliens était au sein du futur État palestinien. Saeb s'étend sur la portée dramatique de cette déclaration. Udi Dekel lui demande enfin de rendre compte de l'avancée des discussions sur les réfugiés.

J'ai préparé Saeb. Tous les yeux se tournent vers le chef négociateur palestinien. Seuls quelques mots sortent pourtant de sa bouche :

« Tal va rendre compte de nos travaux. »

Je me crispe d'un coup. C'est Tal Becker, l'Israélien, le chef de cabinet de Livni, qui va dresser l'état des lieux des pourparlers sur les réfugiés palestiniens. Ses notes sont toutes prêtes :

« La manière dont les discussions ont été menées sur les réfugiés a été discrète et sérieuse. Nous avons évité toute pression inutile. Nous avons avancé de manière méthodique, point par point. Je pense que ces négociations sur les réfugiés peuvent servir de modèle : nous avons commencé à discuter de la question dès février. Je crois que c'était utile pour Saeb et moi d'avoir ces longs échanges avant de mettre quoi que ce soit sur papier. Ce n'est qu'après ces discussions que les échanges de propositions ont commencé entre les deux parties. »

Je regarde Saeb. Il est éteint. Aux abonnés absents. Tal Becker en termine avec son compte-rendu. Les regards se tournent de nouveau vers Saeb. Il articule enfin quelques phrases :

« Je suis tout à fait d'accord avec Tal. Les décisions finales reviendront à nos dirigeants. Ehoud Olmert et Abou Mazen ont discuté de la question du retour. Je pense que nous avons travaillé de manière constructive. La question des réfugiés fait partie d'un "package" et est liée à la résolution des autres dossiers. Nous sommes d'accord sur le texte. Tout prendra sens une fois que l'on aura une idée définitive du "package". »

Les interlocuteurs israéliens de Saeb hochent la tête d'un air entendu. Je suis dans un mauvais rêve. Dès le début, les dés étaient pipés. Saeb conclut :

« Pour ma part, ça me va. À moins que quelqu'un ait des questions ou quelque chose à ajouter, je crois qu'on peut passer à la suite. »

La coordinatrice de la NSU y va de sa question. Je prends ensuite la parole. Il y a tellement à dire que je ne sais pas par où commencer. Je fais au mieux pour aller à l'essentiel : le niveau de détails de l'article est insuffisant, il ne comprend pas de définition de la notion de réfugiés, pas d'engagement clair sur la contribution financière israélienne… En réalité, je suis excédé. Ça ne peut pas ne pas se voir. Je suis fébrile aussi. Ils me fixent tous de leurs yeux tout ronds. J'ai l'impression qu'ils me prennent pour un extraterrestre.

Tal rappelle son « deal » avec Saeb :

« Comme je l'ai dit, nous avons discuté de ces questions avec Saeb dès février : nous sommes d'accord sur le fait qu'un équilibre doit être trouvé sur le niveau de détails que l'article sur les réfugiés doit comprendre. »

Udi Dekel clôt la discussion :

« Merci. Je pense que l'article reflète vos discussions. C'est sans doute la meilleure manière de procéder : isoler les décisions politiques qui devront être prises par nos leaders. Cet article doit être considéré comme celui qui figurera dans l'accord. Le mécanisme sera en charge de sa mise en œuvre. Si nous identifions d'autres besoins, nous pourrons toujours nous mettre d'accord sur des arrangements ultérieurs. »

C'est fini. La réunion a duré à peine plus d'une demi-heure. Trente minutes, c'est le crédit de temps accordé aux sept millions de réfugiés aujourd'hui. C'est maintenant le sort des 11 000 prisonniers palestiniens qui va être évoqué durant l'heure suivante. Je passe mon tour. Saeb me remercie de mon concours. Je salue les Israéliens.

Je sors de la salle, révolté. La conseillère juridique de la délégation israélienne me suit et s'enquiert des raisons de mon énervement. Son attention paraît sincère. Je lui dis que tout va très bien. Je ne doute pas un instant qu'elle n'en croie pas un mot. La coordinatrice de la NSU sort à son tour de la réunion :

« Ziyad, ne t'inquiète pas, tu peux régler tout ça. Tu l'as déjà fait par le passé, tu peux rattraper le coup ! »

Je crois qu'elle est sérieuse. Mes mots se perdent dans le vide :

« Bien sûr que non. Je ne peux plus rien y faire. C'est un désastre. C'est un désastre… »

XII

Gaza, la punition
Décembre 2008 / janvier 2009

J'atterris sur le sol américain le 26 décembre 2008. Le 27, les Israéliens bombardent la bande de Gaza. Je n'étais au courant de rien. Je le jure.

J'avais décidé de partir en vacances quelques semaines auparavant avec des amis pour fêter la nouvelle année dans l'Ouest américain. Ça devait être pour moi un grand nettoyage de cerveau. Nous avions mis San Diego, le Grand Canyon et Las Vegas au programme. Pas Gaza. C'est Karim, mon ami journaliste, également du voyage, qui a appris la nouvelle à la télé. CNN et Fox News n'épargnent aucun motel américain. L'opération « Plomb durci » lancée par Tsahal n'a eu aucune peine à nous retrouver ici.

Les deux grandes chaînes américaines consacrent un direct *live*, ininterrompu, aux opérations israéliennes. Karim est déjà à la recherche d'un billet d'avion sur Internet pour repartir sur place. Moi, je ne sais pas ce que je fais là. J'imagine les F-16 dont parlait Saeb en train de punir le peuple de Gaza.

Ce ne sont pas ces images qui défilent en boucle sur le petit écran. Les journalistes américains rapportent les

217

événements depuis Sderot. Cette ville israélienne proche de Gaza est sous la menace directe des tirs de roquettes du Hamas. Sur l'écran, le reporter est toujours casqué, vêtu d'un gilet pare-balles. Son regard trahit la peur de se prendre un « missile » sur la tête. On partage son angoisse. Comme celle des enfants israéliens conduits vers des abris. Et celle de leurs parents qui témoignent, inquiets, mais soulagés de voir enfin l'armée prendre les choses en main.

L'état-major israélien distille sa communication de manière scientifique. Le discours est rodé. Du travail d'orfèvre. La justification des opérations armées : la rupture du cessez-le-feu par le Hamas. Les objectifs de guerre : mettre fin aux tirs de roquettes sur le sud d'Israël. Le respect du droit international : les militaires israéliens accordent la plus grande attention à la protection des civils. Les Gazaouis sont même informés à l'avance des bombardements. Les porte-parole de Tsahal nous le répètent inlassablement chaque jour, affables, dans un anglais parfait.

Les grands espaces américains défilent sous nos yeux, le long de la Route 66. Le cirque médiatique se poursuit. Nous sommes happés par les nouvelles. Le contraste entre les images diffusées à l'écran et le bilan humain côté palestinien se creuse chaque jour. Un gouffre. Depuis le début des bombardements, les Israéliens ont complètement fermé l'accès des médias à la bande de Gaza. Difficile de savoir ce qu'il s'y passe vraiment. Mais impossible de continuer à croire ce que l'on est en train de nous vendre.

Après quelques jours, les médias américains sortent enfin un peu du sensationnel pour poser les bonnes questions : qui a réellement violé le cessez-le-feu conclu entre le Hamas et Israël ? Quelles sont les pertes et les destructions du côté de la bande de Gaza ? Le Hamas n'est-il pas le représentant élu par le peuple palestinien lors des élections de 2006 ?

CNN a trouvé un expert français pour répondre à toutes ces questions. Et nous rassurer. Bernard-Henri Lévy, « BHL », « *the French philosopher* » est présent dans les médias dès les premiers jours des bombardements. On n'y échappe pas, même aux États-Unis. Les images d'Al Jazeera commencent à donner une idée de l'ampleur du désastre côté palestinien. Mais BHL, la chemise blanche en décolleté, dans un franglais très sexy, a réponse à tout. Si les pertes s'alourdissent à Gaza c'est parce que le Hamas utilise la population civile comme bouclier humain, comme « *human shield* », dit-il. Le Hamas a été démocratiquement élu ? « Certes, mais souvenez-vous, assène le philosophe de Saint-Germain-des-Prés, Hitler lui aussi est arrivé au pouvoir par la voie des urnes. » L'argument fait mouche. Le journaliste de CNN est sous le charme.

Le Grand Canyon est sous la neige. C'est féérique. À Gaza aussi, il fait un froid glacial. J'ai reçu un message d'un ami palestinien : lui et ses voisins ont été obligés de casser leurs fenêtres pour éviter les éclats de verre dus aux déflagrations causées par les bombes israéliennes. Ils se terrent chez eux. L'aide humanitaire est bloquée. L'eau manque, l'électricité aussi.

Nous arrivons en Arizona. Les paysages sont grandioses. On s'arrête dans une réserve indienne qu'on a failli ne pas remarquer. Un panneau, seul, mal entretenu, indique l'entrée d'une zone que l'on comprend vaguement autonome. Oubliée. Il n'y a là que quelques indigènes. Le teint buriné, le sourire triste, ce sont les descendants d'un des grands génocides de l'Histoire. Derrière leurs stands, ils vendent des bijoux et autres babioles. On dirait Bethléem avant Noël. Le mur, qui coupe la ville en deux, est en passe de tuer la vie là-bas. Reste encore un peu d'artisanat. Du folklore, pour les pèlerins chrétiens qui s'y arrêtent encore. J'ai envie de rapporter un souvenir à Saeb. J'hésite entre un calumet de la paix ou un arc et des flèches. Ça fait sourire mes amis.

Nous rejoignons Las Vegas. Gaza ne fait déjà plus la première page des journaux. La Palestine n'est sur l'écran radar de personne ici. Nous sommes dans la ville du vice : Sin City[91]. Un chauffeur de taxi, républicain, un brin réac mais sympathique, nous explique pourquoi il s'est finalement résolu à voter Obama. Il nous souhaite de bien nous amuser et nous lance la formule d'usage : « *Whatever happens in Vegas, stays in Vegas.* »[92]

Sur l'écran plasma de la suite du palace où nous avons élu domicile, les victimes continuent de tomber à Gaza. CNN ne s'attarde pas. Je zappe sur le basket. J'erre comme un zombie dans les salles de jeux. On me tend des flyers à l'effigie des strip-teaseuses de Vegas. Je me dis que je pourrais entamer une collection. Mes camarades enchaînent les parties de poker. J'écume les tables de roulette, seul.

Nous allons quand même tenter de fêter la nouvelle année dignement. On a décidé de passer la soirée

---

91. Littéralement en anglais : « la ville du Péché ».
92. En français : « Quoi qu'il arrive à Vegas, ça reste à Vegas. » Autrement dit, tous les excès y sont tolérés.

dans la vieille ville de Las Vegas. Un show « à l'américaine » est au programme. Nous sommes dans la rue avec des centaines d'autres badauds. Beaucoup sont déjà sérieusement alcoolisés. Les faits marquants de l'année défilent dans un « son et lumière » grandiloquent, projeté en pleine rue. Arrive le traditionnel compte à rebours : « 10, 9, 8, 7, 6, 5, 4, 3, 2, 1… 0 ! » Une clameur jaillit de la foule : 2009, ça y est, nous y sommes !

2009, et toujours pas d'État palestinien.

J'embrasse mes amis. J'esquisse un sourire. À moins que ce soit une grimace. Mon mutisme me rattrape aussitôt. Je m'en veux de ne pas apprécier cette soirée. Je fausse compagnie à ma bande peu après.

Je rejoins le casino d'un hôtel chic sur le Strip[93]. Je prends place à la table de jeu auprès d'un Russe à l'allure douteuse et d'un Italien flanqué d'une créature plantureuse. Mes partenaires de ce soir puent la malhonnêteté à plein nez. Mais ce sont de gros joueurs. Je suis en fin de séjour. Après quelques parties d'échauffement les jours précédents, j'ai l'impression d'accéder enfin à la cour des grands. Je décide de miser tout ce qu'il me reste à cette table. C'est maintenant ou jamais.

La partie commence mal. Mes chiffres ne sortent pas.

Un troisième énergumène, un Anglais complètement saoul, s'approche de nous. Sa présence se fait très vite pesante. Posté juste derrière mon épaule, il me prend à partie d'une voie caverneuse :

« Ça va mal pour toi l'ami, ça va mal pour toi… »

---

93. Le Strip est l'avenue principale de Las Vegas où se succèdent les hôtels les plus démesurés et extravagants.

Gaza, la punition

Je m'efforce de l'ignorer et persiste à jouer les mêmes chiffres que d'habitude. Mes jetons me filent entre les doigts, les uns après les autres. L'Anglais commence à m'insulter :

« *Fuck man*, t'es en train de te faire plumer, rentre chez toi, rentre chez toi te coucher. T'as rien à faire ici ! »

La sécurité intervient aussitôt et le force à quitter la table. L'empêcheur de tourner en rond n'a pas sa place au sein de notre petit cercle autorisé. Le croupier me fait un signe amical de la tête, comme pour me rassurer. Je suis sous la protection du maître du jeu. Pas question de changer de stratégie. La chance finira bien par tourner. En une heure à peine, je perds presque toute ma mise, plus de 2 000 dollars. Il me reste un dernier jeton. Je le donne au croupier américain qui a causé ma perte et lui souhaite bonne année. Il me répond, poli, dans un sourire qui se veut réconfortant : « *Thank you, Sir. Happy New Year.* »

Je sors du casino les poches vides. Je me sens délesté d'un énorme poids. L'année 2008, celle d'Annapolis et du pari avorté de l'OLP, est définitivement derrière moi.

*

Je rentre sur Paris le 3 janvier 2009. C'est l'anniversaire de ma sœur. Tsahal lance son offensive terrestre le même jour. Je suis surpris par l'ampleur de l'initiative mais le pire est peut-être encore à venir : les Israéliens ont les mains libres jusqu'au 20 janvier prochain, date de l'investiture de Barack Obama à la présidence américaine. D'ici là, nul doute qu'ils vont continuer à profiter de la vacance de leadership au niveau international.

Mon retour à Ramallah n'est prévu que le 10 janvier prochain. J'ai contacté la délégation de la Palestine en France pour me mettre à leur disposition. Ils sont débordés. Harcelés par les médias qui multiplient les plateaux consacrés à la situation à Gaza. Sollicités par le Quai d'Orsay qui s'agite sur le front diplomatique. La représentation palestinienne en France est paralysée par le positionnement ambigu de la Sulta par rapport aux événements. Après avoir condamné les attaques israéliennes, Abbas s'est empressé de rejeter la responsabilité de l'invasion sur le Hamas. D'un coup, il se trouve sous le feu de l'ensemble de l'opinion palestinienne et arabe.

Côté NSU, c'est le silence radio. J'appelle pour venir aux nouvelles. On m'apprend que le projet est court-circuité. La situation politique est jugée trop sensible par l'Autorité qui veut gérer seule la situation. Mes collègues, impuissants, constatent comme moi les dégâts et le lot quotidien de victimes civiles. À Ramallah, des manifestations de soutien à la population de Gaza sont réprimées dans la violence par les forces de sécurité palestiniennes. Les manifestants sont tabassés, y compris les femmes. Certains sont emprisonnés.

Le mandat de Mahmoud Abbas à la tête de l'Autorité palestinienne expire le 9 janvier. L'événement passe totalement inaperçu. Le même jour, j'informe mon employeur de ma volonté de rester à Paris. Mon contrat avec la NSU court jusqu'au 15 de ce mois. Mais j'ai décidé de ne rentrer à Ramallah que lorsque je me sentirai plus utile là-bas qu'ici. Pas question pour moi d'y retourner si c'est pour y constater les silences assourdissants d'Abou Mazen. Si c'est pour me rendre témoin de la répression exercée contre les civils palestiniens coupables de manifester publiquement leur solidarité à Gaza.

Je me retrouve donc seul à Paris. Sans mandat, sans étiquette, je pare au plus pressé. On m'envoie sur le plateau du *Ring*, un débat animé par Michel Field sur LCI. J'arrive dans le studio en avance. J'ai mis mon beau costume. Bien rasé, j'ai l'allure d'un jeune premier. La Palestine n'a jamais eu l'air aussi inoffensive. Je vais à la rencontre des autres invités. Je ne sais pas trop comment me présenter à eux. Je tente un : « Bonjour, Ziyad Clot, avocat, enchanté. » De toute évidence, ça n'est pas assez. Le premier contradicteur à qui je serre la main, un confrère avocat, me jette un regard furtif. Il ne s'attarde pas et file à la salle de maquillage. Le second, un représentant d'une organisation de la communauté juive française, bronzé, costaud, typé arabe, fronce les sourcils. Je me sens obligé d'ajouter quelque chose : « Je suis français d'origine palestinienne. » Il me dévisage. Il me toise et me lance sans coup férir : « Vous êtes musulman ? »

Il aboiera pendant tout le débat : « Israël n'a de leçon de morale à recevoir de personne, monsieur ! Israël n'a de leçon de morale à recevoir de personne ! »

Quelques jours plus tard, c'est au tour de France 24. En anglais. Puis en français. Mon contradicteur, un historien et journaliste israélien, est nettement plus courtois. On sympathise un peu avant le débat. Nous avons un ami en commun. J'entame l'émission en déclinant le nom de familles entières décimées par l'expédition de Gaza. Je place plus loin dans le débat que la qualification juridique des opérations militaires israéliennes reste à déterminer. Je dis que « certains éléments s'apparentent à un quasi-génocide ». L'Israélien se braque. C'était peut-être maladroit. Mais était-ce excessif ?

Je me replongerai un peu plus tard dans mes livres de droit. L'article II de la convention pour la prévention et la répression du crime de génocide définit ce dernier « comme un des actes ci-après commis dans l'intention de détruire, en tout ou en partie, un groupe national, ethnique, racial ou religieux, comme tel :

– meurtre de membres du groupe ;

– atteinte grave à l'intégrité physique ou mentale de membres du groupe ;

– soumission intentionnelle du groupe à des conditions d'existence devant entraîner sa destruction physique totale ou partielle [...] »

Je vous laisse juges.

Je suis exténué. Je ne dors plus. Je suis submergé par l'émotion. Un soir, ou un matin, je ne sais plus, je me suis effondré en pleurs.

L'opinion publique française est elle-même secouée. La violence des images fait tomber certains tabous. Les langues se délient. Certains parallèles sont dressés. Gaza est décrit par quelques-uns comme le ghetto de Varsovie des Palestiniens. La dégradation de la situation au Proche-Orient fait craindre un regain des violences communautaires en France. Comme Français, je suis inquiet des tensions suscitées ici par la punition infligée à Gaza. En tant que témoin privilégié du drame palestinien, ce serait criminel de rester silencieux.

Un rassemblement de soutien aux Palestiniens est organisé à Paris le 10 janvier. Je ne suis pas un habitué de ces actions collectives de soutien à « la cause ». Mais je n'ai aucun doute aujourd'hui : ma place est dans ce cortège avec tous ceux qui comme moi sont révulsés par ce qui se passe à Gaza. Je rejoins la manif avec quelques amis. Pour une majeure partie d'entre eux, c'est la première fois qu'ils descendent dans la rue pour la Palestine.

La place de la République est noire de monde. On parle de 100 000 personnes. Le mélange des genres m'interpelle. Les habitués de la cause palestinienne sont noyés dans une masse diverse composée d'organisations de gauche, de syndicats, de pacifistes, de féministes même. S'y mêlent des barbus et des femmes voilées. Il y a surtout beaucoup de jeunes. La banlieue est présente en masse. Tout comme les CRS. Je quitte la manif à la tombée de la nuit. J'apprendrai plus tard qu'il y a eu un peu de casse en fin de cortège.

Le 18 janvier 2009, Israël annonce qu'il a atteint ses objectifs militaires et décrète la fin des hostilités. Par effet de miroir, le Hamas se déclare victorieux de l'assaut israélien quelques heures après et annonce son propre cessez-le-feu. Deux jours plus tard, le 20, Barack (Hussein) Obama prête serment sur la place du Capitole à Washington.

Le nouveau président américain accorde son premier coup de fil officiel à Mahmoud Abbas, dont on ne sait plus très bien ce qu'il représente. La Sulta se félicite de cette première communication symbolique. De part et d'autre, rien n'a été fait pour empêcher la mort de 1 330 Palestiniens. Ni celle de 13 Israéliens.

*

Je rentre finalement à Ramallah près d'un mois après la date initialement prévue. J'ai décidé d'y rester au

226

moins jusqu'à l'été. Pour l'instant, je dois encore deux semaines de travail à la NSU. Je veux aussi visiter tous ces endroits que je n'ai pas encore eu l'occasion de découvrir. Parmi eux figure un point de passage obligé en Israël : le Yad Vashem. Cette visite était sur mon agenda à mon arrivée ici. Il n'est pas trop tard.

L'arrivée au mémorial du Yad Vashem se fait par une route verdoyante. Une fois la voiture garée dans un parking flambant neuf, un ascenseur vous mène à une large esplanade dégagée. L'air est frais. La forêt de Jérusalem est à proximité. Je m'arrête un instant pour apprécier l'endroit, très agréable. Une colonie de jeunes militaires se restaure à ma gauche. Certaines de ces adolescentes se dorent au soleil, une clope à la main. À côté d'elles, un muret rend hommage aux principaux bienfaiteurs qui ont permis l'édification du mémorial : Américains, Israéliens, Français, Australiens, des Juifs du monde entier ont contribué à la création du lieu.

Je suis aux portes du temple du devoir de mémoire, encerclé par une ribambelle de jeunes Israéliens, des collégiens un peu turbulents. Je cherche le guichet où sont délivrés les billets d'entrée. Je demande naïvement à un des employés du lieu où je dois acheter mon ticket. Ces mots à peine prononcés, je réalise ma bêtise : coupable sacrilège que de vouloir donner le moindre centime aux gardiens du sanctuaire qui honore les morts du plus grand génocide de l'Histoire. Mon interlocuteur n'en prend heureusement pas ombrage. Il me répond par un sourire bienveillant.

Plus loin, un petit pont de bois neuf mène à un bâtiment en béton gris, massif. Comme un blockhaus nouvellement édifié. La traverse enjambe une forêt de

227

pins, majestueuse. Je prends le temps d'apprécier la vue depuis le pont suspendu. Mon regard se perdrait presque dans la quiétude du paysage si je n'avais remarqué des ruines de pierres. Elles sont à peine masquées par quelques cyprès. Il s'agit de restes de maisons détruites. Ce sont les vestiges d'un village palestinien[94]. Une seule plaquette s'offre pourtant ici au visiteur du Yad Vashem. Accrochée au pont de bois, elle l'invite à prendre la dimension de ce qui l'attend :

« Le pont vers un monde perdu construit grâce à la générosité de Jan et Suzanne Czuker et leur famille (USA 2006). »

Le paradis perdu palestinien est à mes pieds, à quelques dizaines de mètres de là. Je suis le seul à avoir deviné les traces du village englouti par le rêve sioniste. Je me tourne, sur ma droite, sur ma gauche. D'un pas volontaire, les étudiants sont sur le point d'entamer leur visite du mémorial. Le sang gicle dans mes veines. Je veux les interpeller. Je veux les arrêter. Pointer du doigt les vestiges du village. Mais pour leur dire quoi ? Ces jeunes Israéliens ne sont pas ici pour entendre mon histoire. Ils passent devant moi, sans me prêter un regard[95].

---

94. Le mémorial du Yad Vashem est construit sur le site de deux anciens villages palestiniens : Ein Kerem, dont une partie subsiste aujourd'hui, et le tristement célèbre Deir Yassine qui fut rayé de la carte le 9 avril 1948 à la suite de massacres perpétrés par les milices juives de l'Irgoun et du Lehi. Deir Yassine est considéré comme un des tournants du premier conflit israélo-arabe puisqu'il précipita l'exode palestinien et accentua la pression sur les dirigeants arabes des pays voisins afin qu'ils interviennent dans le conflit.

95. Pour la petite histoire, le Yad Vashem licencia un de ses guides en avril 2009. À l'approche des ruines du village palestinien, celui-ci avait évoqué devant les étudiants d'une école talmudique le massacre

Je tâche de me reprendre. Je respire un grand bol d'air. Mon regard se pose de nouveau sur les vieilles pierres. Mes yeux se lèvent finalement pour apprécier le paysage dans son ensemble. De l'autre côté de la vallée, une route, des habitations, témoignent d'une autre expérience de vie, israélienne, qui a pris le dessus.

J'entre finalement à l'intérieur du bâtiment de béton gris. De forme triangulaire, il est faiblement éclairé, en son entrée tout du moins. L'édifice a deux extrémités. Sur la première, celle qui me fait maintenant face, est projeté un film qui relate la vie juive dans l'Europe centrale et orientale de la première moitié du XXᵉ siècle. À l'opposé, à l'issue d'un chemin sinueux de plus d'une centaine de mètres, j'aperçois la lumière du jour.

Nous en sommes encore loin. Pour le moment, mon regard est aspiré par le film projeté en noir et blanc sur la vie dans le *shtetl*[96], et sur la foule bigarrée des adolescents israéliens, qui s'attarde comme moi devant cette projection. Je suis pris de frissons. La vie ashkénaze brisée, perdue à tout jamais, ses violons, ses chants et ses prières, ses contrastes de gris, tranche avec les vives couleurs de la jeunesse israélienne qui m'entoure. Le groupe est désormais attentif. J'observe ces garçons et ces filles. Leurs visages aux tons souvent méridionaux, orientaux et africains sont maintenant tous tournés vers le destin tragique des juifs d'Europe. Les questions se bousculent

---

de Deir Yassine. Pour plus d'informations : http://www.haaretz.com/hasen/spages/1080456.html

96. Le *shtetl* est un mot yiddish qui désigne les petits villages d'Europe centrale et orientale où vivaient de nombreux juifs au XIXᵉ siècle. Ces lieux de vie disparaîtront à jamais avec le génocide perpétré pendant la seconde guerre mondiale.

dans mon esprit. Le flambeau, ce fardeau qu'ils s'approprient et qui leur sera donné de transmettre, doit être immensément lourd à porter.

Je poursuis ma visite. J'ai décidé de ne pas vous en livrer le récit. Après un an dans les territoires occupés palestiniens, après Gaza, je ne vous rendrai pas compte du détail des émotions qu'elle m'a inspirées. Du trouble, que le mémorial a fait naître en moi.

Je vous invite en revanche à vous y rendre. Je vous y encourage vivement. C'est un passage obligé.

Pour comprendre.

Seulement promettez-moi aussi de sillonner la Palestine occupée. De la Méditerranée au Jourdain. La Palestine, Israël, ont un destin tragique en commun.

J'ai compris qu'il était inextricable.

XIII

Pont Allenby
1er mars 2009

Nous sommes le 1er mars 2009. Je rentre d'un périple de huit jours dans le Golfe : un grand bol d'un air plus chaud que frais, après une année éreintante. La visite de quelques amis à Dubaï notamment, un peu surréaliste, si éloignée de mon expérience du moment, m'a fait le plus grand bien.

Une arrivée un peu trop matinale à l'aéroport d'Amman n'entame pas un enthousiasme réel : je retourne chez moi. J'ai un peu plus de trois mois pour rattraper le temps perdu. Mon billet retour pour Paris est fixé au 8 juin prochain. J'ai hâte de pouvoir enfin profiter du pays, des pays, des gens, de ce qu'ils ont à offrir. Puisque je persiste à me persuader qu'ils ont beaucoup à donner, même si le quotidien aime me prouver le contraire. Je vais enfin pouvoir « profiter ». L'expression n'est peut-être pas appropriée à cette région trouble. Mais c'est l'idée.

La Jordanie est pluvieuse. Inondée, presque, après deux jours d'une pluie incessante. Mon taxi en remercie le bon Dieu. À vrai dire, le nez collé à la vitre, je ne l'écoute pas vraiment. Le paysage n'est pas beau. Je rêvasse, absorbé par de multiples projections sur les semaines et les mois à venir. Mon esprit, désormais libre de toute contrainte, divague entre mon prochain retour à Haïfa et de nouvelles pérégrinations en Galilée ; la découverte de Jénine et de Nazareth[97] aussi, et de tous ces endroits que je n'ai pas encore vus. Une rencontre avec Gaza, enfin, j'espère. Je n'ai pas perdu espoir.

Me voilà arrivé au pont du Roi Hussein. « *Al jesser* », comme on dit ici. Ou King Hussein Bridge. Pour une fois, je suis chanceux : la frontière semble moins bondée qu'à l'accoutumée. Après un passage éclair au contrôle des passeports jordanien, après une vérification superficielle de mes bagages, on me jette littéralement dans un bus. Il est déjà plein et prêt à partir pour la frontière israélienne. Pardon : pour la frontière avec la Cisjordanie, contrôlée par les Israéliens, serait plus exact. Nous nous arrêtons à un premier poste de contrôle des passeports au sein de la zone tampon contrôlée par Israël. Nous descendons tous du bus, montrons nos passeports à l'officier en charge. Nous remontons dans l'autocar. Je suis accompagné d'un groupe de baroudeurs japonais. Mal rasés, les yeux hagards, ils ont l'air complètement perdus. Suit le traditionnel dépôt des bagages pour un nouveau contrôle. C'est bien moins chaotique que d'habitude. La foire habituelle, inhumaine, n'a pas cours aujourd'hui.

Pour la première fois au pont Allenby[98], l'expérience n'est pas insupportable. J'entrevois presque une

---

97. Voir carte « Israeltine » p. 237.
98. Le point de passage entre la Cisjordanie et la Jordanie, contrôlé par Israël, a pris le nom de Sir Edmund Allenby. Officier et administrateur britannique, Allenby est connu pour avoir mené la conquête de la Palestine et de la Syrie aux dépens des Ottomans lors de la Seconde Guerre mondiale.

surprenante tentative de régulation du flux des arrivants et de leurs bagages. « Il y a de l'espoir », me dis-je. Il y a surtout beaucoup moins de monde. Et la fraîcheur de l'air, adouci par la pluie, rend l'exercice, les poussées de chariots et les coups de coude, moins pénibles que les fois précédentes.

Premier interrogatoire. Un jeune soldat israélien, à l'anglais fébrile mais à la posture ferme, se fait aider par une collègue plus détendue. Je réponds à toutes leurs questions, sans hésitation. De toute évidence, j'ai désormais un peu de pratique. Je pense maîtriser l'exercice. Je suis français, même si mes interlocuteurs s'arrêtent naturellement sur mon prénom arabe. Je leur explique ce que je fais à Ramallah : je travaille comme conseil juridique dans le cadre des négociations de paix. Celles-ci sont certes interrompues pour le moment mais je continue à travailler dans le cadre du même projet. Je passe ma démission sous silence. Mon ancien employeur a accepté de me couvrir. Le ministère de l'Intérieur israélien est prévenu de sorte que mon arrivée sur le sol palestino-israélien ne devrait pas poser de difficultés.

Je passe à travers une intimidante machine électronique à jet d'air dont mes amis de Ramallah et moi n'avons toujours pas identifié la raison d'être. Je me présente au guichet de l'immigration après une attente raisonnable. Une jeune soldate, mignonne et visiblement décontractée, me reçoit et me pose les traditionnelles questions d'usage. Sa bonne humeur est communicative. Je me laisse aller à flirter un peu. Elle me sourit et, sans surprise, me remet l'habituel formulaire à remplir. Je m'exécute scrupuleusement en m'assurant de transmettre les mêmes informations qu'à l'accoutumée. Ni plus, ni moins : nom, adresse, situation professionnelle, raisons de mon séjour ;

noms et numéros de téléphone de mes amis en Israël et dans les territoires. Après un peu plus d'une heure, un employé du ministère de l'Intérieur israélien vient me voir, mon passeport à la main. L'entretien est bref. Il est courtois. Nous revoyons le formulaire ensemble. Il me demande de lui repréciser mon numéro de téléphone portable. Je m'exécute sans faire de problème.

L'occupation me paraît aujourd'hui plus humaine. Ou peut-être l'ai-je définitivement intégrée, à force de la côtoyer. La nouvelle attente est un dernier intermède insignifiant. Je m'y plie volontiers en m'efforçant de boire un café turc étonnement mauvais.

Une employée de l'immigration israélienne se coince un doigt dans la porte de son guichet. Elle crie. Deux Palestiniens qui attendent comme moi viennent aux nouvelles et s'enquièrent de l'état de l'articulation. Je contemple la scène de loin, amusé.

Au total, mon attente depuis l'arrivée à la frontière côté jordanien aura duré moins de quatre heures. Record battu, haut la main.

On appelle mon nom : « Ziyâââd... »

Cela m'avait presque manqué. Je me présente de nouveau au guichet où l'on doit me remettre l'offrande tant attendue : mon passeport assorti d'un nouveau visa de tourisme de trois mois. Une soldate examine le document un instant. Elle me le remet :

« Ziyâââd, vous pouvez y aller, mais on nous a donné instruction de ne vous donner qu'un visa d'un mois. »

Mais qu'est-ce qu'elle raconte ? J'esquisse un rictus interrogateur.

« Pourquoi ? je demande.

– Il faut que vous quittiez le territoire. »

Je feins de ne pas comprendre.

Elle, tente de m'amadouer par un sourire.

« Ne pleurez pas, il n'y a pas tant de choses à voir en Israël de toute façon. »

Une tristesse irrépressible m'envahit soudainement. Mes yeux se gorgent d'eau. Comme ça, en un instant, sans que j'y prenne garde. Je reste figé sur place. Les larmes ne coulent pas. La soldate, qui a perdu son sourire, me fait un signe de la tête. Il est sans équivoque : elle m'ordonne d'avancer. On me pousse dans le dos : une famille palestinienne. Ce n'est déjà plus mon tour.

J'avance, pour rejoindre une ultime file d'attente. Et récupérer mes bagages. La farce est terminée. Je croyais n'être personne ici. Je croyais ne rien y avoir. On vient pourtant de m'enlever quelque chose. Je me sens dépossédé.

*

Quelques mois ont passé. J'ai quitté Israël et les territoires palestiniens. Je suis à Londres avec ma mère pour une réunion familiale. C'est ici que sa propre mère est enterrée. Native de Nazareth, un temps citoyenne palestinienne dans un pays contrôlé par la Couronne britannique, ma grand-mère repose ici, loin de Habib, loin de la Palestine, loin du Liban. Je raconte à ma mère mon séjour, et sa chute, douloureuse. J'ai les nerfs encore à vif.

Elle conclut : « Les Israéliens m'ont enlevé mon père, puis mon frère. Ils luttaient pour leurs droits. Ils ont été condamnés à l'exil. Ils en sont morts. Ensuite, c'est toi qui es parti. Pour tenter de négocier. Sans succès. La boucle est bouclée. Ils ne veulent pas faire la paix. »

Je reste silencieux. Ce que j'ai vécu ne me permet pas de la contredire.

Je ne suis pas plus loquace sur ce que j'ai appris là-bas. Certaines choses sont encore plus pénibles à admettre. La vérité est que la Palestine, de mon grand-père, de ma mère, n'existe plus. Son fantasme, seul, subsiste.

Les Israéliens ont gagné la bataille de la terre. Mais les Palestiniens sont toujours là, accrochés à ce sol qui se dérobe sous leurs pieds. Et un monstre est né de l'incapacité de ces deux peuples à faire la paix. À défaut de pouvoir caractériser cette incongruité de l'Histoire issue de deux projets nationalistes inaboutis, je me suis résolu à nommer cette réalité « Israeltine ». Je sais maintenant que c'est ici et là, en Palestine, en Israël, que j'ai mes racines. Comme de nombreux Palestiniens. Comme des Israéliens, tout aussi nombreux. Et, contre le cours de l'Histoire, c'est au sein de ce pays, en son entier, « Israeltine », que je revendique mon droit au retour.

***

« Israeltine »

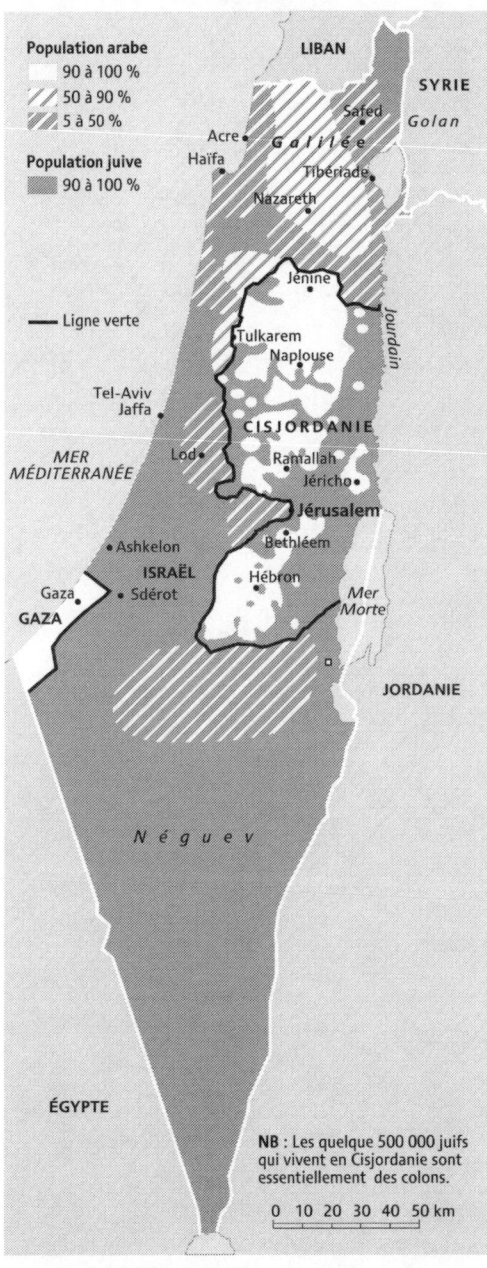

Population arabe
- 90 à 100 %
- 50 à 90 %
- 5 à 50 %

Population juive
- 90 à 100 %

— Ligne verte

LIBAN

SYRIE

Safed

Golan

Acre

G a l i l é e

Haïfa

Tibériade

Nazareth

Jénine

Jourdain

Tulkarem

Naplouse

Tel-Aviv
Jaffa

CISJORDANIE

Lod

Ramallah

Jéricho

Jérusalem

*MER
MÉDITERRANÉE*

Ashkelon

Bethléem

ISRAËL

Hébron

Gaza

Sdérot

*Mer
Morte*

GAZA

JORDANIE

N é g u e v

ÉGYPTE

NB : Les quelque 500 000 juifs
qui vivent en Cisjordanie sont
essentiellement des colons.

0 10 20 30 40 50 km

Pont Allenby

Post-scriptum
« Israeltine »
Août 2010

« Israeltine », l'imbrication inextricable des communautés israéliennes et palestiniennes en Terre sainte, était une intuition avant même mes premiers pas en Palestine. Au fil d'une année engluée dans un processus de paix à la dérive, elle est devenue une évidence. C'est aujourd'hui une conviction. Voici pourquoi.

Il n'y aura pas d'État palestinien

Quasiment après 20 ans de processus de paix, force est de constater que l'OLP n'a jamais été en position d'obtenir d'Israël la reconnaissance des droits individuels et collectifs des Palestiniens, comprenant un État, avec les attributs qu'on lui connaît. Tout au plus, son chef historique, Arafat, a-t-il décroché avec les accords d'Oslo une reconnaissance internationale, quelques territoires semi-autonomes et des promesses... En 2000, à Camp David, il était encore loin du compte.

Depuis, la Palestine a perdu tout ce qui pouvait ressembler à un leadership politique ou intellectuel. En 10 ans à peine ! Arafat donc, mais aussi George Habache et Haidar Abdel Shafi ont disparu. Edward Said et Mahmoud

239

Darwish ne sont plus des nôtres. Que reste-t-il ? L'Autorité, dont on ne sait plus quels intérêts elle représente, et son Président, dont le mandat a expiré, près de 500 000 colons en Cisjordanie et à Jérusalem-Est occupées, et le blocus et les islamistes à Gaza.

Du côté israélien, à droite comme à gauche de l'échiquier politique, on n'est pas prêt à accepter les sacrifices qu'impliquerait la création d'un État palestinien viable, souverain et indépendant établi sur les frontières de 1967 avec Jérusalem-Est comme capitale. Au mieux, on pourrait offrir aux Palestiniens un État croupion, des bouts de territoires qui seraient auto-administrés dans le cadre d'une souveraineté limitée : en gros, ce que les Palestiniens ont déjà, sur une superficie plus étendue – mais insuffisante – et avec une reconnaissance internationale, la qualification d'État tant attendue... N'oublions pas qu'être plus entreprenant pour un dirigeant israélien, c'est aussi prendre le risque de terminer comme Yitzhak Rabin [99].

En réalité, les Israéliens se sont résignés à une politique de gestion du conflit.

L'examen des dossiers en suspens confirme qu'un accord de paix est hors d'atteinte. Pour tout homme ou femme d'État israélien, discuter la division de Jérusalem relève du suicide politique. Qu'il s'y hasarde et c'est

---

99. Le Premier ministre israélien Yitzhak Rabin (1922-1995), signataire des accords d'Oslo en 1993, prix Nobel de la paix en 1994, a été assassiné le 4 novembre 1995 par un sioniste religieux juste après une manifestation pour la paix organisée à Tel-Aviv. Pour mémoire, le président égyptien Anouar El Sadate (1918-1981), signataire des accords égypto-israéliens de Camp David en 1978, prix Nobel de la paix la même année, avait subi le même sort le 6 octobre 1981, assassiné lors d'une parade militaire par des membres de son armée appartenant au djihad islamique égyptien.

l'ensemble de son opinion publique qui lui tournera le dos. Qu'il s'engage sur cette voie et c'est sa coalition gouvernementale qui volera en éclats. La position de Benyamin Netanyahou, revenu au pouvoir en 2009, est sans équivoque sur la question : « Le peuple juif construisait à Jérusalem il y a 3 000 ans et le peuple juif construit Jérusalem aujourd'hui. Jérusalem n'est pas une colonie, c'est notre capitale ! » [100] Dans son discours de politique internationale prononcé à l'université Bar Ilan le 14 juin 2009, Netanyahou s'est aussi exprimé sans ambiguïté sur les réfugiés : les Palestiniens devront reconnaître Israël en tant qu'« État juif » et il n'y a donc pas de place pour eux dans cet État.

Pour compléter le tableau, les colons ont pris en otage, de longue date, les différents gouvernements israéliens qui ont par ailleurs largement encouragé leur implantation [101]. Un peu comme le Hamas côté palestinien, ils s'érigent comme juges ultimes, saboteurs en dernier ressort d'un hypothétique traité de paix. L'adoption et la mise en œuvre d'un tel accord seraient en définitive extrêmement périlleuses, surtout si la « paix » doit se faire contre la justice, au détriment notamment du sort des réfugiés palestiniens. L'histoire du conflit israélo-arabe n'étant au demeurant qu'une succession de violations des conventions conclues, il faut se résoudre à l'évidence : il y a

---

100. Discours prononcé lors du congrès annuel de l'AIPAC à Washington le 22 mars 2010.
101. Depuis 1967, aucun gouvernement israélien n'a été en mesure de juguler l'emprise du lobby des colons sur le sort de la Cisjordanie. Voir ENDERLIN (Charles), *Le Grand Aveuglement. Israël et l'irrésistible ascension de l'islam radical*, Paris, Albin Michel, 2009, pp. 42 et suivantes notamment.

bien plus à craindre qu'à espérer de la poursuite des négociations sur la base des deux États.

Certes, la petite musique du processus de paix et de l'État palestinien résonne encore. Mais c'est parce que ses principaux protagonistes (Israël, OLP, États-Unis, UE) en ont encore besoin. Et parce que la nouvelle partition tarde encore à arriver.

Et Obama n'y pourra rien

Barack Obama est le premier président américain en exercice à avoir fait preuve d'empathie envers le peuple palestinien. Il faut relire son discours prononcé au Caire le 4 juin 2009 [102]. Comparer le sort des Palestiniens à celui des Noirs d'Amérique victimes de la ségrégation raciale, ce n'était pas rien. Mais cela relève de l'affect. Et cela reste du discours.

L'approche de l'administration Obama n'est pas fondamentalement différente de celle de George W. Bush. Ses limites sont même strictement identiques : incapacité à stopper la colonisation israélienne et refus de considérer le Hamas comme un partenaire de négociations. La « paix des Braves », qui s'est imposée en Afrique du Sud et en Irlande du Nord entre adversaires irréductibles, n'a pas sa place en Terre sainte. En vérité, pour de trop nombreuses raisons, Washington ne peut régler ce problème. Nul besoin de s'épancher ici sur le biais pro-israélien prévalant outre-Atlantique, sur le lien naturel entre les États-Unis et Israël, qualifié par Obama lui-même d'« immuable » dans son discours du Caire. Nul besoin de détailler les réalités

---

102. http://www.whitehouse.gov/files/documents/anewbeginning/SPEECH_as_delivered-French.pdf

propres au fonctionnement de la démocratie américaine. Tout ceci a été analysé par ailleurs [103]. Passons enfin sur l'influence décroissante des États-Unis dans une région qui échappe inexorablement à leur tutelle : Iran, Syrie, Hezbollah, Hamas, Irak, Afghanistan... On ne peut pas dire que les Américains maîtrisent grand-chose en terre musulmane. Alors faire la paix entre Israéliens et Palestiniens, vous n'y pensez pas...

Mauvaise nouvelle donc : Obama ne fait que retarder l'échéance. Il repousse un peu plus le jour où les diplomaties occidentales, constatant que celui qui était le plus disposé à prendre le conflit israélo-palestinien à bras-le-corps a échoué, retrouveront un peu de lucidité. Dans les chancelleries, la question tombera alors comme un cheveu sur la soupe :

« Et maintenant, on fait quoi ? »

« *Israeltine* » *existe déjà*

Seul l'observateur attentif et décomplexé, celui qui s'est délesté des credo et des bréviaires du « processus de paix » [104] et qui arrive à mettre en sourdine la cacophonie des innombrables résolutions onusiennes inappliquées

---

103. Voir par exemple : MEARSHEIMER (John J.) et WALT (Stephen M.), *The Israel Lobby and US Foreign Policy*, Londres, Penguin Books, 2007 ; DEBRAY (Régis), *À un ami israélien*, Paris, Flammarion, coll. « Café Voltaire », 2010.

104. L'ancien conseiller américain pour le Moyen-Orient Aaron Miller montre dans un article récent comment le processus de paix a été érigé au rang de religion à Washington, sans que l'on ne prenne plus la peine de questionner ses motivations, ses méthodes et ses objectifs. Lire : MILLER (Aaron David), « The False Religion of Mideast Peace. And Why I Am No Longer a Believer », *Foreign Policy*, mai-juin 2010.

portant sur ce conflit, acceptera de constater que la solution des deux États est désormais obsolète, car la création de l'État palestinien est devenue impossible.

Israël, abusé par sa supériorité stratégique et militaire, encouragé par la passivité des diplomaties occidentales, plombé par la faiblesse, les divisions et les errances palestiniennes, Israël a créé un monstre : « Israeltine »[105].

L'État d'Israël contrôle dorénavant de manière plus ou moins aboutie l'ensemble de l'ancienne Palestine manda-taire, et discrimine la population palestinienne qui s'y trouve encore. « Israeltine », qui s'étend du Jourdain à la Méditerranée, est un seul État, un seul État raté. Il s'agit d'une réalité composite, un conglomérat de territoires peuplés d'hommes et de femmes aux quotidiens et aux aspirations souvent divergents : Israël et ses citoyens juifs, venus d'horizons multiples, laïques ou religieux, qui s'ajoutent aux Arabes israéliens[106] ; Jérusalem et ses populations juive et arabe ; la Cisjordanie, ses Palestiniens et ses colons. Et Gaza. Ne nous y trompons pas, ces territoires ont cependant un point commun essentiel : tous sont soumis à la gouvernance israélienne[107].

---

105. Voir carte « Israeltine » p. 237.

106. Au sein d'Israël à proprement parler, la population « arabe » est de l'ordre de 16 % (le chiffre officiel israélien de 20 % inclut les habi-tants de Jérusalem-Est et du Golan qui sont des « territoires occupés » en vertu du Droit international). Pour rappel, ceux que l'on qualifie communément d'« Arabes israéliens » sont les Palestiniens qui ont été en mesure de rester au sein de ce qui est devenu Israël en 1948, ainsi que leurs descendants. Ils disposent de la citoyenneté israélienne.

107. Mon témoignage aura j'espère contribué à convaincre le lecteur qu'Israël n'est pas seulement souverain sur le territoire que lui recon-naît le droit et la communauté internationale, mais qu'il contrôle aussi Jérusalem-Est et la Cisjordanie (avec ou malgré l'Autorité palesti-nienne). La situation peut paraître moins lisible en ce qui concerne Gaza. Là-bas pourtant, c'est également l'État hébreu qui est en charge,

L'État unique comme horizon à la résolution de ce conflit

La solution des deux États, loin d'être parfaite, était de l'avis général la moins mauvaise. Bon gré mal gré, les projets nationaux israélien et palestinien, leurs dirigeants, ont semblé un temps en mesure de s'y résigner. Elle sera bientôt à jeter aux oubliettes de l'Histoire.

Trois scénarios restent alors sur la table :

– Le premier consisterait en la perpétuation de la situation actuelle, une forme d'apartheid appliquée à l'échelle d'Eretz Israël, entre le Jourdain et la Méditerranée. Le gouvernement de l'État hébreu poursuivrait son contrôle et la colonisation de la Cisjordanie, laissant aux Palestiniens Gaza et ces semblants de zones autonomes qui leur reviennent actuellement : de sinistres bantoustans, 20 ans après leur abolition en Afrique du Sud... Les Palestiniens resteraient alors privés de leurs principaux droits civils et politiques. Cette situation peut encore durer longtemps. Ou pas. Tout dépendra de la capacité de la communauté internationale, sociétés civiles comprises, à accroître sa pression sur l'État hébreu. Cela dépendra

---

comme nous l'a rappelé l'épisode de l'arraisonnement de la flottille de pacifistes et militants pro-palestiniens survenu le 31 mai dernier. C'est bien l'État hébreu qui détermine au quotidien ce que doit être la vie dans la bande de Gaza et, avec plus ou moins de succès, la marge de manœuvre laissée au Hamas au sein du petit territoire : Israël en contrôle les points d'accès terrestres (avec l'Égypte) et maritimes. Israël décide de la manière dont le Hamas doit être traité par la « communauté internationale » – reflétée par les positions du Quartet sur la question. Israël détermine ce que doit être le régime alimentaire des Gazaouis, en rationnant l'aide humanitaire. C'est enfin toujours Israël qui décide seul du moment et de l'envergure de ses incursions militaires régulières dans la bande de Gaza.

tout autant de la capacité des Palestiniens à réaliser leur aggiornamento politique.

– Le second scénario serait celui d'une nouvelle expulsion massive de Palestiniens. Les exodes forcés de 1948, puis de 1967, n'ont réduit qu'un temps le problème démographique posé au projet sioniste. D'ici 10 ans, la population arabe au sein du Grand Israël dépassera le nombre d'Israéliens de confession juive. Sauf bouleversement majeur, Israël a donc perdu la bataille démographique au sein d'Eretz Israël. La tentation d'un nouveau plan d'expulsion ne peut donc être totalement écartée [108]. Une nouvelle guerre, une nouvelle Intifada, pourrait en offrir le prétexte.

– Dans le dernier scénario, « Israeltine » deviendrait un État unique dans lequel Israéliens et Palestiniens jouiraient d'une égalité de droits. Difficile en effet de concevoir que la triste réalité du moment puisse perdurer sans fin. À quelques exceptions près, l'État unique est cependant jugé aujourd'hui inacceptable en Israël. Il signifierait en effet la fin du sionisme, ou l'inéluctable réinvention de celui-ci. Cette solution n'emporte pas non plus, à ce jour, la conviction de la majorité des Palestiniens. Il est cependant intéressant de noter que, même si le projet de l'État unique ou binational n'est porté par aucune faction ou parti politique palestinien dans les territoires, il trouve toujours un écho assez favorable au sein de l'opinion [109].

---

108. L'ordonnance militaire israélienne en date du 11 avril 2010 autorisant l'expulsion de dizaines de milliers de Palestiniens de Cisjordanie relève d'une dynamique voisine.

109. Voir : TILLEY (Virginia), *The One-State Solution: A Breakthrough for Peace in the Israeli-Palestinian Deadlock*, The University of Michigan Press, 2005, pp. 241-242.

Il est tout aussi troublant de noter que la résolution des questions du statut permanent s'accommoderait bien mieux d'un État plutôt que de deux. Au diable les frontières ! Les propriétés des réfugiés palestiniens sont situées des deux côtés de la ligne de 1967. Tout comme les sites religieux, qu'ils soient juifs, chrétiens ou musulmans. On peut aussi affirmer sans trop s'avancer que beaucoup de colons israéliens demeureront là où ils sont, dans les actuels territoires palestiniens. Les ressources en eau, bien que monopolisées par Israël depuis 1967, sont communes aux deux peuples. Ironie du sort, le principal aquifère se trouve juste sous la ligne verte... Compte tenu de la colonisation rampante de Jérusalem-Est, une administration collégiale de la Ville sainte redevient également d'actualité. Enfin, l'obsession sécuritaire de l'État hébreu pousse l'état-major israélien à vouloir conserver le contrôle de la frontière avec la Jordanie et la capacité à déployer son armée en moins de 24 heures en Cisjordanie en cas de menace venue de l'Est (Syrie, Iran, Irak).

En deux mots, la solution de l'État unique s'impose en raison, et en fait.

Et maintenant ?

Alors qu'« Israeltine » est déjà là, tout invite à penser que l'État unique reviendra au cœur de la question de la résolution du conflit israélo-palestinien. Le changement de perspective est humainement et intellectuellement séduisant : les adeptes de l'État unique sont au moins aussi vieux que l'État d'Israël [110]. Les Palestiniens et les

---

110. En mai 1947, l'Assemblée générale de l'ONU établit un comité spécial en vue de l'élaboration d'un plan pour résoudre le conflit en

Israéliens vivant main dans la main au sein d'un même État, le retour à Haïfa... La belle idée !

Ce nouveau paradigme présente malheureusement aujourd'hui un réel danger. On voit mal une cohabitation sereine s'instaurer demain en Terre sainte. Le constat actuel est même alarmant : autisme et radicalisation de la société israélienne, divisions, désespoir et absence de direction politique côté palestinien, diplomaties occidentales dépassées par les événements...

Le chantier est donc immense. Nul doute cependant qu'un grand pas en avant sera réalisé le jour où les principaux protagonistes de ce conflit se résoudront à la réalité de l'État unique. Qui sait, d'ailleurs, l'Histoire ne les attendra peut-être pas... Elle est souvent l'objet de coups d'accélérateur renversants. Les murs tombent quelquefois sans prévenir. Autant s'y préparer.

Palestine mandataire. Avant que la partition ne soit finalement privilégiée, l'option d'un État démocratique unitaire en Palestine fut un des plans envisagés. Hannah Arendt eut aussi l'occasion de se prononcer très tôt en faveur d'un seul État intégrant les communautés juives et arabes. Voir par exemple : *To Save the Jewish Homeland: There Is Still Time. Commentary*, mai 1948. Côté palestinien, Edward Said fut le principal promoteur de l'État binational sa vie durant.

ANNEXES

Illustration parmi tant d'autres des efforts et de l'argent dépensés dans un « processus de paix » illusoire, un cycle de négociations israélo-palestinien donne lieu à la production d'une masse inimaginable de documents en tout genre : notes, mémos, comptes-rendus, plans d'action, éléments de langage, minutes de réunions, chronologies, etc.

Annapolis ne faillit pas à la règle.

Si j'ai cru opportun de sélectionner une poignée de documents et de les reproduire en annexe, c'est cependant essentiellement pour mieux illustrer mon expérience propre. Mon témoignage n'a pas pour objectif de rendre compte des infinis détails de ces pourparlers. Ce travail de journaliste, d'investigation, aussi important soit-il, n'est pas le mien ; et j'assume le caractère partiel et subjectif que peut revêtir mon récit. Grâce aux cinq annexes qui suivent, j'ai souhaité mettre en lumière deux des nombreux travers engendrés par ce processus agonisant qui m'ont le plus particulièrement frappé. Il me semble qu'il n'est plus possible de les occulter :

– La question des réfugiés demeure au cœur de l'identité palestinienne et du conflit israélo-palestinien (voir annexes III et V). Avec Jérusalem, elle reste son nœud gordien. Cependant, inéluctablement, l'OLP, qui négocie toujours sous occupation 17 ans après avoir reconnu Israël, a peu à peu perdu de vue la centralité du sort de la majorité de la population palestinienne qui vit encore en exil. Minée par l'explosion de la colonisation, la dégradation du quotidien générée par l'occupation israélienne et son conflit avec le Hamas, elle n'est plus en mesure de porter les revendications légitimes des réfugiés. Au surplus, le déséquilibre croissant du rapport de force israélo-palestinien rend la perspective d'une solution équitable sur cette question de plus en plus utopique pour les Palestiniens (annexes I et II).

– Plus généralement, la direction de l'OLP et de l'Autorité palestinienne, sous la pression d'Israël et des États-Unis qui la poussent à se montrer au fil des années toujours plus accommodante, est conduite aujourd'hui à s'autocensurer, à ne plus revendiquer comme il se doit des positions pourtant validées par le droit et la communauté internationale (annexes III et IV). À n'en pas douter, la perte de légitimité de l'OLP/Autorité palestinienne est aussi à rechercher à ce niveau : la direction palestinienne de Ramallah doit non seulement rendre des comptes à son peuple, mais elle doit tout autant – sinon plus, il en va de sa survie – répondre aux exigences de ses soutiens et bailleurs de fonds étrangers (États-Unis et Union européenne) ainsi qu'aux cahiers de doléances de son interlocuteur naturel, le gouvernement israélien. À force de colonisation rampante, alors que l'attrition et l'occupation des territoires se poursuivent, la situation est devenue depuis longtemps intenable.

Les documents ci-après ont été reproduits dans leur version originale, en anglais. Une note introductive précède cependant chacun d'entre eux afin de résumer leur contenu et de clarifier leur portée.

Annexe I
Premier document israélien sur les réfugiés

Ce document est la première proposition écrite remise par la délégation de négociation israélienne en avril 2008 sur les réfugiés (cf. ch. VII « Haïfa » pp. 117). Cette première offre rend compte assez clairement de l'approche israélienne sur la question :

– Le préambule de l'article proposé indique en substance qu'Israël et l'OLP reconnaîtraient, avec tristesse, la souffrance et les pertes endurées des deux côtés par les individus, familles et communautés, y compris les réfugiés (palestiniens ? juifs ? L'article entretient volontairement la confusion.), en raison de leur conflit. Autrement dit, le sort des réfugiés palestiniens est envisagé côté israélien comme une conséquence et, par la force des choses, une question parmi d'autres du conflit israélo-palestinien.

– L'article 6.2 indique que la résolution de cette question nécessite un « effort international ». Cette référence reflète la volonté israélienne de transférer autant que faire se peut le fardeau que constitue le problème des réfugiés palestiniens sur la communauté internationale. La deuxième phrase de l'article précise cependant qu'« Israël accepte, de son côté, le principe d'une contribution financière à cette résolution », ce qui est un progrès. Pour autant, cet article ne donne aucune information ou garantie quant au montant et au versement de cette contribution.

– L'article 6.3 indique que l'État de Palestine ayant vocation à devenir le foyer du peuple palestinien, tous les réfugiés désirant résider en Palestine auront droit à la citoyenneté palestinienne. L'approche est d'une logique implacable et prend sa source dans la vision des « deux États pour deux peuples » promue par le président George W. Bush et endossée par la délégation de négociation

251

israélienne. Dans ce schéma, l'avenir des réfugiés palestiniens doit se faire exclusivement en Palestine – ou dans les États tiers où ils résident actuellement. Soit partout, sauf en Israël. Cette approche fait cependant fi du droit au retour tel que reconnu par le droit international et des capacités d'absorption limitées du « futur État palestinien » qui ne pourrait jouir que d'un territoire et de ressources réduits.

– L'article 6.5 témoigne de la volonté du gouvernement israélien de voir les États-Unis assumer la direction du mécanisme international qui serait amené à gérer la résolution de la question des réfugiés palestiniens. Pour Israël, cette solution permettrait à la fois de se désinvestir de la résolution du problème tout en s'assurant que ses intérêts demeureront protégés par son allié naturel, les États-Unis.

-Nothing Agreed Until Everything Agreed-

In preamble:

Recognizing, with sorrow, the suffering and loss endured by individuals, families and communities on both sides, including refugees, as a result of the conflict between them;

Article 6 Refugees

6.1 The Parties recognize the urgent need, in the context of realizing the two State vision, to address and resolve the refugee issue in accordance with the terms of the Agreement.

6.2 The Parties recognize that the resolution of the refugee issue will require an international effort. Israel, for its part, will contribute financially to this effort, in accordance with the Article.

6.3 Recognizing that the State of Palestine shall be the homeland of the Palestinian people, all Palestinian refugees wishing to reside in Palestine shall be entitled to Palestinian citizenship

----

6.5 In order to enable a comprehensive, organized and conclusive settlement of the refugee issue, the Parties have invited the United States, in coordination with them, to establish and lead an international refugee mechanism which will operate in accordance with the provisions of this Article.

Mechanism principles... (subsequent meeting)

253

Annexe II

«Non-paper» palestinien sur les réfugiés

Ce document remis aux Israéliens à la suite de la proposition reproduite en annexe I ne constitue pas, à proprement parler, une contre-offre (cf. ch. VII « Haïfa » pp. 117). Il retranscrit cependant bien l'approche de l'OLP sur les réfugiés, également endossée par l'ensemble des pays arabes et musulmans dans le cadre de l'initiative de paix arabe. Elle est conforme aux droits des réfugiés tels que reconnus par le droit international. Elle va même plus loin puisqu'elle introduit un compromis sur la question du retour des réfugiés en Israël : celui-ci se fera selon un quota limité et une périodicité acceptés par Israël. Autrement dit, l'OLP souhaite que le droit au retour soit reconnu dans son principe mais conçoit d'y poser des limites quant à sa mise en œuvre.

Pour le reste, les droits des réfugiés palestiniens au regard du droit international peuvent se résumer ainsi :

– la reconnaissance de la responsabilité d'Israël dans la création et la perpétuation du problème des réfugiés ;

– la mise en œuvre du droit au retour *via* les différentes options offertes aux réfugiés (rapatriement, intégration dans les pays hôtes et établissement dans des États tiers) ;

– la restitution et/ou une entière indemnisation pour les dommages matériels et immatériels subis par les réfugiés, y compris en raison de la perte de chance et des violations des droits humains résultant de leur exil forcé et prolongé.

Enfin, la résolution du problème des réfugiés se fera *via* l'établissement d'un mécanisme international dont le mandat s'étendra à la mise en œuvre de l'ensemble de ces droits tels que stipulés dans l'accord de paix. Un fonds international sera établi pour financer les différents programmes gérés par le mécanisme international.

Parallèlement, les « États hôtes » qui ont accueilli les réfugiés palestiniens devront être indemnisés.

– NON-PAPER –

For Discussion Purposes

Article 6 Refugees

6.1. The Parties commit to pursue a comprehensive, just and agreed upon resolution of the Palestinian refugee problem as envisaged by the Arab Peace Initiative, and in accordance with international law and the terms of the Article:

6.2.1   Israel acknowledges its moral and legal responsibility for the longstanding displacement and dispossession of the Palestinian civilian population stemming from its actions during and subsequent to the War of 1948.

6.2.2   Refugees shall be provided with repatriation and resettlement options, including return to Israel – to be implemented in accordance with an agreed annual quota and within an agreed period of time (renewable on the basis of both parties' consent)-, and return to Palestine, as its sole discretion.

6.2.3   Refugees shall be granted restitution and/or full compensation for the material and non-material damages they have suffered, including loss of opportunities and human rights suffering as a result of their protracted displacement.

6.2.4   States that have hosted Palestinian refugees shall be entitled for remuneration.

6.3. In order to enable a comprehensive, just and effective settlement of the refugee issue, an international mechanism shall be established to implement all aspects of the Treaty relating to refugees with the participation of Palestine, Israel, the host countries and other necessary and willing countries and entities.

6.4. In furtherance thereof, an international fund shall be established to finance the repatriation, resettlement and rehabilitation of the refugee, and the reparation program, including restitution and/or compensation. Israel commits to contribute financially to the fund as to be agreed in the Treaty, along with the contributions from responsible third states.

Annexe III

Projet de tribune du président Abbas pour le soixantième commémoration de la Nakba

Cette tribune devait être signée par le président Mahmoud Abbas et publiée dans la presse internationale le 15 mai 2008, date de la commémoration de la Nakba. Abbas avait donné son feu vert. L'article ne sera cependant pas publié de peur que l'OLP se mette à dos ses partenaires de négociations : Israël et les Américains. L'OLP laissera ainsi passer cette chance de remettre les réfugiés palestiniens au centre des pourparlers de paix (cf. ch. VIII « Nakba » pp. 133).

Le texte de la tribune est pourtant très modéré. Après avoir brièvement évoqué son expérience en tant que réfugié (Abou Mazen a dû fuir sa ville natale, Safad [111], pour rejoindre la Syrie en 1948), le chef de l'OLP rappelle que son sort a été partagé par des centaines de milliers de Palestiniens, dont beaucoup vivent encore dans des camps. Alors que les réfugiés palestiniens constituent aujourd'hui la plus grande population de réfugiés au monde (sept millions d'individus), le texte souligne que cette situation contribue à l'instabilité du Moyen-Orient. Le peuple palestinien souffre toujours d'un sentiment d'injustice : il reste dans l'attente de voir son histoire reconnue, condition indispensable pour arriver à une paix réelle et durable, entre égaux. Abbas, constatant que l'initiative de paix arabe est toujours sur la table, invite donc Israël à reconnaître sa responsabilité quant au sort des réfugiés palestiniens. Loin d'affaiblir l'État hébreu, une telle reconnaissance permettrait aux deux parties, israélienne et palestinienne, à leurs leaders et leurs peuples, de sortir renforcés dans leurs efforts de paix et de s'engager sur le chemin d'une réconciliation historique.

Gage de la modération de ce texte, à aucun moment la tribune ne fait référence au droit au retour.

---

111. Voir carte « Israeltine » p. 237.

This week Israel celebrated its 60th anniversary since its formation on May 15, 1948. For Palestinians, today marks the 60th year since the "Nakba" – our national and personal catastrophe, involving the loss of our ancestral homeland and the dispersal of three-quarters of our people into exile. To date, the Palestinian people await Israeli recognition of its responsibility in the catastrophe and agreement to resolve the conflict based on international law, including UN resolutions.

I experienced exile first-hand. On May 12, 1948 two days before Israel's declaration of independence, my hometown of Safed was captured by Jewish forces. 10,000 Palestinian inhabitants of the town were forced to leave. I was 13. My family and I fled by foot to Syria. We were never allowed to return.

The same reality befell more than 726,000 indigenous Christian and Muslim Palestinians who fled their homes or were expelled from Mandate Palestine in and around 1948; while hundreds of Palestinians were killed.

In the wake of the expulsion, more than 418 Palestinian villages were razed to the ground. Nearly all Palestinian property, including that belonging to Palestinians who managed to stay within the areas that came under Israeli control, was confiscated by the nascent State of Israel for the exclusive benefit of Jews. In 1952, when Israel's parliament passed its nationality law, Palestinian refugees were denied the option of citizenship in the new state. Additional measures were taken to bar our return to our country and our homes. The expulsion of Palestinians and the subsequent measures to render the displacement permanent were taken in contravention of international law.

These events, which left the majority of Palestinians stateless and dispossessed, were compounded by the Israeli military occupation of the West Bank and Gaza Strip in 1967. Hundreds of thousands of Palestinians once again fled their homes, and Israel expanded its control over the remaining 22% of our historic homeland. Today, the stranglehold over the Gaza Strip, the ongoing settlement and closure

Annexe III

activities in the West Bank, including East Jerusalem, is leading to more Palestinian fragmentation and displacement. Indeed, the "Nakba" continues.

Today, there are more than 7 million Palestinian refugees. They constitute the largest refugee population in the world and one of the world's longest unresolved refugee crises. Palestinian refugee vulnerability, brought about as a result of their protracted mass exile and statelessness, is contributing to Middle East regional instability and insecurity, from Iraq to Lebanon to the Gaza Strip.

As a Palestinian, I cannot forget the uprooting of my nation, which has shaped my history and which has created the continuation of a reality of hardship for my people. At the same time, Palestinians have expressed their desire to achieve conciliation and move forward based on an accommodation grounded in the acknowledgement and just implementation of our rights.

In the course of the 60 years since the Palestinian "Nakba", Israel's responsibility for the forced displacement and dispossession of the Palestinian people has been clearly established by historians (many of them Israelis) and international legal scholars. The right of individual Palestinians to choose whether to return to their homes and determine their own destinies has continued to be reaffirmed by the international community in UN General Assembly Resolution 194. Yet, this historical injustice remains officially unacknowledged and the human rights of Palestinians denied.

I profoundly regret that Israel continues to disregard the Arab Peace Initiative (API), adopted by the Arab League in Beirut in March 2002. The API calls for an independent Palestinian state in the West Bank and Gaza Strip along the pre-1967 borders, with East Jerusalem as its capital, and a just solution to the Palestinian refugee problem to be agreed upon in accordance with UNGA Resolution 194, in exchange for normalization of relations with Israel and a lasting peace. The API has been repeatedly reaffirmed by Arab countries, including this past March in Damascus. Additionally, the Organization of the Islamic Conference (OIC) which represent 57 Islamic countries worldwide has endorsed the API as the basis to end the Arab/Palestinian Israeli conflict. What this means, in practical terms, is achieving peace between Israel and more than 1 Billion Arabs and Muslims worldwide.

Peace is made between equals, through the respect of each side's history and identity, and understanding the discourse of the "Other". As history proves, States commit wrongs, but States are strengthened when they acknowledge and apologize for those wrongs. To end the denial, the suffering, and the resentment that has led to violence and conflict, to reach the accommodation proposed by the Arab Peace Initiative and President Bush's vision of the two-state solution living side by side in peace and security, it is necessary that the Palestinians be recognized as dignified human beings entitled to the same treatment and laws as other refugees and victims of conflict.

To achieve real peace, it will be necessary for Israel to acknowledge its responsibility in the creation and perpetuation of the plight of the refugees. Such an acknowledgement is not a threat to its existence. It is in fact the exact opposite. By doing so, Israel would inevitably empower our respective citizens and leadership to establish peace based on political accommodation.

I am committed to the permanent status negotiations with Israel launched in Annapolis in November 2007 as I see no viable alternative to dialogue and agreement for resolving the injustice and misery that the Palestinians have suffered for 60 years.

Today, the 15th of May 2008, remains for Palestinians a day of sadness, sorrow, and longing.

On the 60th commemoration of the Palestinian "Nakba", I invite Israel to acknowledge its responsibilities, recognize our rights and suffering, and work with us for a breakthrough for peace, historical reconciliation, and an end of conflict.

When this happens, we will all celebrate together.

Annexe IV
Projet de lettre
des négociateurs palestiniens
à Mme la secrétaire d'État américain
C. Rice

Comme l'annexe III, cette lettre illustre l'autocensure désormais pratiquée par les négociateurs palestiniens (cf. ch. IX « Négociations » pp. 147). Après six mois de « processus de paix », la situation sur le terrain est dramatique : le blocus à Gaza est renforcé, les incursions militaires en territoire palestinien se multiplient, la colonisation explose et avec elle son lot de destructions de maisons palestiniennes et d'expropriations.

À la table des négociations, aucun progrès : alors que les Palestiniens n'hésitent pas à mettre leurs positions par écrit sur la table, ils se confrontent à un mur côté israélien. Comme le résume la lettre reproduite ci-après, les délégations palestinienne et israélienne divergent fondamentalement dans leur approche des pourparlers : alors que les Palestiniens tentent de définir l'objectif à atteindre et le meilleur moyen d'y arriver, les Israéliens partent de la situation prévalant sur le terrain et acceptent au mieux de négocier quelques améliorations, limitées et graduelles, à ce statu quo.

Dès juin 2008, la NSU tente de convaincre la direction de la délégation de négociation palestinienne qu'il faut rendre compte de la situation à Condoleezza Rice afin qu'elle soit en mesure de comprendre les raisons qui empêchent les pourparlers d'avancer. La lettre est préparée dans cette optique. Elle fait l'inventaire des agissements israéliens qui sont autant d'obstacles à la création d'un État palestinien indépendant, viable et souverain. Elle détaille la position palestinienne sur chaque question du statut permanent.

Cette missive a été amendée plus d'une douzaine de fois de juin à août 2008. Après de nombreuses tergiversations, l'OLP décida finalement de ne pas la remettre aux Américains, une nouvelle fois par peur de ne pas « froisser » son allié...

En septembre 2008, le Premier ministre israélien Ehoud Olmert n'aura aucun scrupule à prétendre que les négociations n'ont pu aboutir du fait du manque de courage des Palestiniens.

Annexe IV

June 15th, 2008

Dear Secretary Rice;

On the occasion of today's trilateral meeting, we would like to present to you our assessment of the current status of negotiations and our vision for the way forward. We recognize and appreciate the commitment that both President Bush and you have made towards helping to reach our common goals of two states based on the 1967 borders, living side by side in peace and security, and a just resolution to the refugee issue.

We have reached an important point in the negotiations; on some issues we have achieved some progress, but there remain many gaps and difficulties. As you know, the issues before us are extremely sensitive and difficult, all the more so given ongoing Israeli policies and practices, such as construction of the Wall on Palestinian land, continued settlement expansion and the intensification of the internal closure regime.

In short, we are facing two major difficulties in our negotiations with Israel. First, our **negotiations approaches** are fundamentally different. While our goal is to define where we want to go up front, namely to establish an independent sovereign state based on 1967 borders with all the rights and responsibilities that it entails, and to have a just resolution to the refugee issue, the Israeli approach is to start with the current situation and negotiate small and gradual improvements to the status quo. This allows Israel to use "security" as a catch-all to derogate from Palestinian sovereignty in a permanent status agreement.

Palestinians want the same rights and responsibilities enjoyed by other states, no more and no less: full sovereignty with all its attributes, including full control of our airspace, maritime space, territory, borders, water, electromagnetic sphere and other resources.

Any proposal that merely consolidates unilaterally imposed facts on the ground, or results in a "state with provisional borders", would necessarily contradict our fundamental rights and interests and would

264

not be acceptable. The Palestinian people cannot be expected to acquiesce to a slightly improved version of the occupation that is then repackaged as a "state".

Second, as you know, Israel continues to build in and expand settlements on Palestinian territory in a manner which is meant to prejudge the outcome of permanent status negotiations. By continuing settlement activities, and building roads and other infrastructure throughout the West Bank, particularly in and around East Jerusalem, Israel is undermining the current negotiations, as well as the credibility of negotiating parties, the United States and the international community. More importantly, such activities threaten the viability of an independent sovereign Palestinian state and will soon spell the death of the two-state solution.

In the months since Annapolis, Israel has continued its assault on Palestinian national and individual rights, in violation of international law, while showing flagrant disregard for virtually all of its obligations under the Road Map. Construction has continued in at least 101 settlements (not including Jerusalem-area settlements). Similarly, Israeli authorities have issued tenders for 1,731 new housing units since Annapolis, which is already more than 12 times the number of housing units tendered in the 12 months prior to Annapolis. Meanwhile, Israeli authorities demolished at least 185 Palestinian structures, including 85 homes, in the first four months after Annapolis. The number of checkpoints, roadblocks and other physical barriers to movement now exceeds 600. And, of course, Israel has yet to comply with the 2004 ruling of the International Court of Justice, which held that the settlements and the Wall that are built in the Occupied Palestinian Territory (OPT) are illegal, and which requires Israel to stop constructing the Wall, remove those parts already built and provide reparations.

Throughout all our meetings and negotiations we have never stopped demanding that Israel stop its ongoing violations with respect to the Wall, the settlements, the closure, the incursions into Palestinian territory, the demolitions, etc. Throughout the negotiations, Israel has in fact intensified its violations, as demonstrated by the figures noted above. These ongoing violations deprive our meetings and negotiations of credibility, and prevent the process from gaining the necessary support of the Palestinian people.

In any case, we have entrusted you, Secretary Rice, to facilitate these negotiations towards our common goals of the realization of two states based on the 1967 borders, living side by side in peace and security, and to a just resolution to the refugee issue and to assist us all in finding a constructive way forward that ensures that the interests and needs of both parties are satisfied. In furtherance of this goal, we outline below for you the status, as we see it, of each of the core issues currently being discussed in these negotiations.

Terms of Reference

Although we've agreed to several ground rules for the negotiations, we have yet to agree to the terms of reference by which any agreement will be governed.

The four key elements of the ground rules have been that:

1. Nothing is agreed until everything is agreed;

2. We will not involve the media in the discussions, and will keep all substantive aspects of the discussions completely confidential;

3. We will discuss all core permanent status issues, including Borders, Jerusalem, Refugees, Water, Settlements and Security; and

4. We are working towards a comprehensive agreement.

On the terms of reference, however, there is significantly less agreement. While Israel would like minimal terms of reference and relies heavily on agreeing to bilateral arrangements in a vacuum, we continue to insist on the universally accepted terms of reference for this conflict. Our baseline and terms of reference are those that the international community and international law have established, namely that any agreement must be based on the United Nations resolutions pertinent to the conflict, specifically UNSC 242, 338, 252 and 478 the Road Map as endorsed in UNSC Res. 1515, and the Arab Peace Initiative of 2002, reaffirmed in 2007; it must be based on international law; the agreement, based on the "land for peace" formula, must lead to the end of the Israeli occupation that began in 1967 and end the conflict, thus establishing an independent viable and sovereign Palestinian State; and resolving the issue of the refugees in a just and agreed upon manner, in accordance with UNGA 194.

Territory

The Palestinian position is, and has always been, that the two state solution must be based on the 1967 border, which defines the borders of West Bank, including East Jerusalem, the Jordan Valley, the No Man's Land (including in the Latrun), and the Dead Sea, and the Gaza Strip. We

266

are content with the 1967 line, which is the universally accepted baseline for the border. However, we are willing to consider minor modifications to the 1967 line, if those modifications satisfy Palestinian rights and interests, are on the basis of one-to-one land swaps equal in quality and size, which should not exceed 1.9% of the total area of the West Bank (including East Jerusalem) and the Gaza Strip.

Moreover, it is important to bear in mind that the percentage of swap alone, while important, is not a sufficient basis by which to evaluate the reasonableness of a proposal. We cannot accept any proposal that severs East Jerusalem from the rest of Palestine, harms Palestinian contiguity, involves the swap of Palestinians (regardless of their citizenship) or otherwise harms core Palestinian interests as determined by the PLO. In addition, we do not accept the concept of so called "settlement blocs", much less accept their wholesale annexation. We will only address possible swaps on a settlement by settlement basis. It is for these reasons that the settlements of Ariel, Givat Zeev, Ma'ale Adumim, Har Homa, Efrat will not be considered under any scenario.

The Palestinian proposal is in stark contrast to that of the Israeli side, which has refused to present a complete map (that includes Jerusalem) and has put forward a maximal proposal that undermines Palestinian viability, creates enclaves, and encompasses vast amounts of our vacant land and water productive areas. Their proposal largely mirrors the path of the Wall, which they had repeatedly assured the international community would not be used to pre-determine the border! In short, the map that Israel has thus far proposed in the discussions is incomplete, and does not address even the most basic Palestinian rights. It proposes annexing 7.3% of the West Bank (according to Israel's own calculations), in a manner which totally undermines the viability of the future state of Palestine, particularly with respect to the future of Jerusalem, and does not address Israel's territorial aspirations in Jerusalem at all.

In exchange, Prime Minister Olmert has offered the equivalent of 5% of Israeli territory in the desert areas adjacent to the southern West Bank and the northern part of the Gaza Strip. Prime Minister Olmert has also suggested as part of the "compensation" for the swap, Palestine would get a dock at Ashdod port, *in lieu of our own sovereign port in the Gaza Strip*, as well as a territorial link between the West Bank and the Gaza Strip under Israeli sovereignty but purportedly under full, uninterrupted and complete Palestinian control.

To summarize, any discussion on borders must address the border as a whole, including in Jerusalem, without gaps or omissions.

A piecemeal approach will neither meet the interests of both sides, nor result in an acceptable border. Therefore, it will not be possible to agree on a final border whilst Israel refuses to put forward a more reasonable proposal, which must include its vision for Jerusalem and for swaps on its side of the 1967 line.

Jerusalem

Jerusalem is the key to successful negotiations. The realization of Palestinian rights and sovereignty in East Jerusalem, as the capital of the Palestinian state, is essential to any lasting peace agreement. Postponing the issue of Jerusalem (or agreeing to a border that excludes Jerusalem) would not be credible, realistic or acceptable, since this would merely allow Israel to continue creating additional facts on the ground. Moreover, it is illogical to believe that an issue as difficult as Jerusalem is today would be anything but more difficult later.

Although we have put forward our position on Jerusalem several times, Israel has yet to present anything meaningful on the issue. In order for us to reach an agreement, it must be comprehensive and must address all issues.

On Jerusalem, although sovereignty must be divided along the 1967 lines (with whatever modifications are agreed to as part of swaps, in accordance with the above principles and not including sites holy to Muslims or Christians), modalities may be agreed to that do not necessarily conform to the same lines.

Palestinians are tied to Jerusalem through strong historic, moral, religious, social and economic links. These links cannot be severed without significant economic and social hardship which will in turn generate greater instability within East Jerusalem, and within the West Bank as a whole.

Despite its clear obligation under Phase I of the Road Map, Israel continues to reject calls by the Quartet and the international community to reopen Palestinian institutions in East Jerusalem. The immediate reopening of Orient House and other Palestinian institutions would serve as a critical first step to rebuilding Palestinian trust and confidence in Israel's desire for peace and in the peace process and its seriousness in addressing all core issues.

Water

There is a fundamental disagreement between the Palestinian and Israeli approaches to resolving the issue of water. Palestinians insist that the only reasonable first step is to determine the issue of both parties' water rights – the Palestinian and Israeli percentage of the shared conventional water resources determined in accordance with international law – regardless of the available amount of shared groundwater and surface water year to year. Only then can the parties turn to discussing methods of cooperation to maximize existing water resources for both parties. To consider fully their respective water rights consistent with accepted international practice, the parties must analyze and discuss all shared transboundary watercourses (surface and ground waters), including the Jordan River, which Israel refuses to consider for political reasons.

In contrast to the Palestinian approach, Israel refuses to engage in any discussion of water rights and frames the negotiations in terms of regional water scarcity with the view to cooperate on extending use of current allocations through wastewater treatment, as well as developing new non-conventional sources of water.

Finally, it is important to note, at the June 12, 2008 meeting of the Trilateral Water Committee chaired by the United States, members of the Israeli delegation put forward an interpretation of the Oslo Interim Agreement asserting that the additional 80 Million cubic meters of water agreed and to be developed by the Palestinians under the agreement reflects future Palestinian needs regardless of the interim period. Thus, the Israeli position is that allocations and development of additional waters under the Interim Agreement are to be the *de facto* permanent status allocations, regardless of our actual water rights or long-term needs.

Refugees

The issue of the refugees is one of the core issues of the conflict: without its just resolution, there can be no end of conflict. Any agreement that does not address the issue of refugees completely and comprehensively, in accordance with international law and international best standards, would be just another interim agreement and would only prolong the conflict.

There are four aspects to the issue of refugees. First, Israel's **recognition of responsibility** for the creation and perpetuation of the problem is a crucial part of any solution in order to give people a sense of satisfaction that their overall historical experience have been acknowledged and addressed and to facilitate any possible compromise on implementation, and is therefore essential to enable the establishment of a *real* peace with Palestinian refugees. Israel thus far has refused to recognize its responsibility with respect to the issue of the refugees.

269

Second, although we understand that full implementation of the **right of return** is unlikely, in order for there to be a solution, the return option will have to be perceived as a real option. The right of return is a recognized right under international law and it has been a core aspect of the Palestinian struggle for the last 60 years. Therefore, it must be addressed in a reasonable manner that takes into account the existence of this individual right, its centrality in refugee experience, as well as Israel's capacity of absorption. As the PLO, we are not the holder of refugees' individual rights but we have a mandate to pursue the recognition and implementation of these rights, and can only seek to maximize the choices for the refugees. Israel thus far has insisted that refugees be entitled to Palestinian citizenship and/or provided with resettlement and integration options only (no return to Israel).

Third, on **reparations**, the Palestinian position remains that refugees shall be granted restitution and compensation for the material and non material damages they have suffered (including loss of livelihood and opportunities and human suffering, as a result of refugees' protracted displacement). Therefore, compensation is only one part of reparations due. In addition, states that have hosted Palestinian refugees shall be entitled to remuneration. Israel thus far has been willing to consider only compensation for the refugees. Their position on the other aspects of reparations remains unclear.

Finally, the **international implementation mechanism** must include all of the stakeholders that are part of the implementation process in order for it to work effectively. The international community will have to be represented in the mechanism to guarantee the efficiency and durability of the implementation process. In addition, all of its aspects must be agreed (in other words it must have full parameters) in order for it to be operational. Israel agrees to an international implementation mechanism.

Security

As regards security, we have presented reasonable and flexible proposals in response to the blanket demand for "full demilitarization" by Israel. In short, we have made clear that we are willing to look at any fair solution to meet Israeli security interests *short of a continued Israeli presence on Palestinian territory*. More specifically, we have said that Palestine will be a sovereign, independent state with limited arms – not limited dignity. As a sovereign and independent state, Palestine will have sovereignty and full control over its territory, including airspace and territorial waters.

To meet our internal security needs, our security forces will need all appropriate weapons and equipment to perform their duties and responsibilities. We have agreed to a third party role to take care of our defense needs for a limited agreed period.

However, following decades of Israeli military occupation, Palestine cannot accept any Israeli military presence or control over its territory whatsoever. Our people will not buy into any agreement that includes a continuation of Israeli control over their land. Israel continues to insist on a presence in Palestinian territory, post-agreement, and has thus far been unwilling to accept a third party role that would be more extensive than that of purely capacity building.

Prisoners

The signature of an agreement resolving the permanent status issues between Palestinians and Israelis will mark a historic reconciliation, and as such, all Palestinian and Arab prisoners detained or arrested by Israel as a result of the Israeli-Palestinian conflict must be released. While Israel has not presented a formal position on this matter, it has agreed to discuss this issue in the current round of negotiations.

The Israeli approach shows that Israel is trying to secure our agreement for a state with provisional borders, or some form of protectorate or trusteeship, and to call that a "state". This, as you can imagine, is not, and will never be, acceptable to us; nor would it end the conflict. In order for the conflict between us and the Israeli government to be ended, an agreement must be just, comprehensive and address the interests of both sides.

With this letter, we ask you to kindly assist us in reaching a peace agreement; one that is sustainable and lasting and that will finally end this decades-long conflict.

Please accept, Madame Secretary, the expression of my highest consideration.

Sincerely,

Ahmed Qurie
Head of Palestinian Delegation
to Permanent Status Negotiations

H.E. Condoleezza Rice
Secretary of State
Washington, DC
Cc:
Foreign Minister Tzipi Livni

Annexe V

Lettre ouverte de 78 ONG et factions palestiniennes au président Abbas au sujet des droits des réfugiés et des négociations en cours

La lettre reproduite ci-après a été remise au bureau du président Mahmoud Abbas au nom de 78 organisations de la société civile palestinienne, des territoires et de la Diaspora, le lundi 22 septembre 2008. L'ensemble des factions palestiniennes, comprenant notamment le Fatah et le Hamas, a signé ce document (cf. ch. x « L'offre généreuse » pp. 181).

La pétition a été préparée en réaction aux inquiétudes suscitées par la poursuite de négociations avec Israël sur les réfugiés en dehors de toute consultation avec ceux-ci et au vu des pressions exercées sur les négociateurs palestiniens sur cette question particulière.

Cette lettre constitue la preuve la plus évidente que les réfugiés et le droit au retour restent au cœur de l'identité palestinienne. Nul doute qu'un accord de paix sera jugé à l'aune de la justice rendue aux premières victimes de ce conflit, les réfugiés palestiniens. Quel autre document pourrait revêtir aujourd'hui la signature du Fatah et du Hamas aux côtés de dizaines d'organisations et associations palestiniennes basées dans les territoires, dans le monde arabe, en Europe et en Amérique ?

La pétition rappelle quels sont les droits inaliénables et historiques des réfugiés palestiniens. Elle fait aussi part des craintes des représentants de la société civile palestinienne face au cycle de négociations en cours et invite les négociateurs palestiniens à s'ouvrir auprès des organisations de réfugiés sur l'évolution des pourparlers, afin de renforcer leurs positions sur cette question.

Open Letter to President Mahmoud Abbas

To: President Mahmoud Abbas
Chair of the Palestine Liberation Organization Executive Committee
President of the Palestinian National Authority

CC:
League of Arab States
Non-Aligned Movement
Organization of the Islamic Conference

Re: The Rights of Palestinian Refugees and the Final Status Negotiations

Dear Mr. President,

Greetings of Return

We, the undersigned Palestinian refugee organizations, civil society movements and institutions in the Palestinian homeland and in exile are national organizations working to defend the right of return. We appeal to you now because we are convinced that the alignment of the official Palestinian position and the position of the Palestinian people with regards to the final status negotiation issues is of the highest priority. Foremost among these issues is the cause of the Palestinian refugees.

We are convinced that the alignment of popular and official positions is the main guarantee of a strong Palestinian position in the current negotiation process, which is taking place in a local, regional and global context that jeopardizes the national rights of the Palestinian people. In this context, we are concerned in particular about the rights of Palestinian refugees and internally displaced persons to return to their original lands and properties, restitution of their homes, lands and properties and compensation for damages incurred over the past 60 years. Based on the fact that all of these rights are guaranteed under international law, and based on our awareness of the enormous pressures faced by Palestinian negotiators and the tactics of negotiations, such as secrecy with regards to the negotiation proceedings, we call upon you to adopt a negotiation strategy that is

274

based on openness with the entirety of the Palestinian people – irrespective of their current place of residence – regarding all aspects and details of the negotiation process. Implementation of the Palestinian refugees' right of return was and continues to be the main purpose for which the Palestine Liberation Organization (PLO) was established, a purpose which forms the central pillar of the PLO's legitimacy as the sole legitimate representative of the Palestinian people. Transparency and candidness of our representatives with all sectors of our society will guarantee that our rights are best defended, and strengthen our position in the face of enormous pressures.

It has been clear at all stages of the negotiations that this process aims to eliminate the core issue of the Arab/Palestinian struggle for freedom and justice: the Palestinian refugees and their rights of return and restitution. In fact, elimination of these central Palestinian/ Arab demands form the center-piece of both Israeli and US policies. It is also no secret that during the so-called "Oslo Peace Process" these policies have employed insidious tactics in order to nullify these rights altogether. Such tactics include attempts to substitute the return and restitution of the refugees with monetary compensation; to reduce the number of those entitled to exercise these rights from over 7 million Palestinian refugees and internally displaced persons to a tiny minority, including so-called "hardship cases" that would be arbitrarily defined by Israel; to suggest that the refugees return to homes located in the areas administered by the Palestinian Authority; and other humiliating "trade offs" whereby Palestinians are expected to surrender the right of refugees to return to homes, lands and properties of origin in exchange for other rights and demands, such as self-determination, borders, the reclamation of Jerusalem and removal of the illegal settlement-colonies. The Palestinian leadership has rejected such degrading bargaining tactics in previous negotiations, notably those known as the second Camp David summit and the Clinton initiative. The late President Yasser Arafat rejected these tactics, and he was made to pay for that with his liberty and his life.

Whereas the rights of return, restitution and compensation are enshrined in international law and specifically affirmed in UN General Assembly Resolution 194 and UN Security Council Resolution 237;
Whereas we see that increasing US pressure aims to force Palestinian negotiators to agree to an obscure framework for a solution that is to be achieved by any means and at the soonest date, and that such a framework is largely for internal US consumption in the context of a US Presidential election;

Whereas it has become clear that the US administration is working on other fronts to market its obscure framework for a solution in the September 2008 session of the UN General Assembly;

Whereas we realize, as a result of our movement's long and difficult experience with Israeli politics, that Israeli political actors seek to solve the internal Israeli political crisis by venting destruction on the Palestinian front through various policies and practices, all of which work to entrench Israeli occupation, colonialism, and apartheid, and aim to attain international recognition of Israel as a 'Jewish State;'

Whereas Western and Israeli election platforms must not be employed to put pressure on the Palestinian negotiators, who should in no way be a party to the political maneuvers of US and Israeli political candidates, particularly in order to protect the legality, legitimacy, and sanctity of Palestinian national rights regardless of who emerges victorious in foreign elections;

Whereas we perceive the retreat of the once principled European position, and the transformation of this position into one that conforms to the US policy of total complicity and support for Israel;

Whereas we clearly see the weakness and inability of the Arab countries to take action or play any effective role;

Whereas we witness the sharp, painful and unprecedented deterioration in the internal Palestinian political arena;

Whereas it has become plain and obvious that powerful external pressures aim to annul Palestinian refugee rights, particularly the right to return to their original lands and properties and the restitution of these lands and properties;

Whereas Israel and the US, according to Israeli officials, are intensifying their efforts to reach a framework for a solution that is acceptable to both Israel and the US and will be viable regardless of the ruling party;

Whereas the primary measure of the legitimacy of any solution remains the extent to which it will lead to the exercise of the right of self-determination by the Palestinian people, including foremost the right of Palestinian refugees to choose to return to their original homes and lands regardless of their current place of refuge,

We approach you with this statement based on our strong desire to chart a way forward that is built on the highest levels of clarity and candidness with the Palestinian people; a way forward that aims to strengthen the Palestinian position in this sensitive stage of the Palestinian struggle; a way forward that ensures that any framework for a solution will include the following principles in clear and immutable language:

1. The rights of Palestinian refugees and internally displaced persons to return, restitution and compensation are fundamental rights under international law and relevant UN resolutions – particularly UN General Assembly Resolution 194 and UN Security Council Resolution 237. The content of these rights is non-negotiable irrespective of the manner in which they will be exercised;
2. The right of return is an individual right held by every Palestinian refugee and internally displaced person. This right is passed on from one generation to the next, based on the individual's choice on whether or not to return, an inalienable and indivisible right, and not affected by any bilateral, multilateral, or international treaty or agreement. Any such agreement must respect the fundamental precepts and principles of international law;
3. The right of Palestinian refugees and internally displaced persons to return is a collective right that is not limited to one group or another, and it is an integral part of the Palestinian right of self-determination;
4. The right of Palestinian refugees and internally displaced persons to return is not subject to referendum.

May you remain steadfast in our struggle for freedom and dignity

Signed:

1. 194 Association (Syria)
2. Abassiya Association (Palestine)
3. Abnaa Al-Balad Center for the Defense of the Right of Return (Syria)
4. Aidun Group (Lebanon)
5. Aidun Group (Syria)
6. Al-Awda Palestine Network (Holland)
7. Al-Awda Palestine Right to Return Coalition (North America)
8. Arab Cultural Forum (Gaza, Palestine)
9. Arab Liberation Front
10. Arab Palestinian Front
11. Association for the Defense of the Rights of the Internally Displaced (Palestine)
12. Badil Resource Center for Palestinian Residency and Refugee Rights (Palestine)
13. Beit Nabala Association (Palestine)
14. Bisan Association (Syria)
15. Coalition of Right of Return Defense Committees (Jordan)
16. Coalition of Right of Return Defense Committees (Jordan)
17. Committee for the Rights of Palestinian Women (Syria)

18. Confederation of Right of Return Committees (Europe: Denmark, Sweden, Norway, Switzerland, Greece, Germany, France, Holland, Poland, Finland)
19. Coordinating Committee of Palestinian Organizations Working in Lebanon (Lebanon)
20. Council of National and Islamic Forces in Palestine (Palestine)
21. Democratic Front for the Liberation of Palestine
22. Democratic Palestine Committee
23. Depopulated Towns and Villages Associations (Gaza, Palestine)
24. Farah Heritage Society (Syria)
25. Grassroots Palestinian Anti-Apartheid Wall Campaign (Palestine)
26. Higher Follow-up Committee on Prisoners (Palestine)
27. Higher National Committee for the Defense of the Right of Return (Palestine)
28. Inevitable Return Assembly (Syria)
29. Islamic Jihad Movement
30. Islamic Resistance Movement [Hamas]
31. Istiqlal Youth Union (Lebanon)
32. Istiqlal Youth Union (Syria)
33. Ittijah: Union of Palestinian Non-Governmental Organizations (Palestine)
34. Jafra Youth Center (Syria)
35. Jimzo Association (Palestine)
36. Lajee Center, Aida Camp (Palestine)
37. National Assembly of of Palestinian Civil Society Organizations (Palestine)
38. National Committee to Commemorate the Martyr Ahmad Al-Shuqairy (Jordan)
39. National Nakba Commemoration Committee (Palestine)
40. Palestine Democratic Union [Fida]
41. Palestine House Educational and Cultural Center (Canada)
42. Palestine Liberation Movement [Fatah]
43. Palestine Remembered (USA)
44. Palestine Right of Return Coalition (Global)
45. Palestinian Campaign for the Academic and Cultural Boycott of Israel (Palestine)
46. Palestinian Civil Society Coordinating Committee in Palestine and Abroad (Global)
47. Palestinian Liberation Front
48. Palestinian National Democratic Movement (Palestine)
49. Palestinian National Initiative
50. Palestinian People's Party
51. Palestinian Popular Struggle Front

Il n'y aura pas d'État palestinien

52. Palestinian Refugee Rights Defense Committee (Balata Camp, Palestine)
53. Palestinian University Professors Union (Gaza, Palestine)
54. Palestinian Women's Grassroots Organization (Syria)
55. Palestinian Youth Democratic Union (Syria)
56. Palestinian Youth Organization (Syria)
57. Palestinian Youth Struggle Union (Syria Branch)
58. People's Assembly of the Towns and Villages Depopulated in 1948 (Palestine)
59. Platform of Associations in Solidarity with Palestine (Switzerland)
60. Popular Committees to Defend the Right of Return (Gaza, Palestine)
61. Popular Front for the Liberation of Palestine
62. Popular Front for the Liberation of Palestine – General Command
63. Refugee and Right of Return Committee (Syria)
64. Refugee Camp Popular Committees (West Bank & Gaza, Palestine)
65. Refugee Executive Office (Palestine)
66. Right of Return committee (Switzerland)
67. Ruwwad Cultural Center (Aida Camp, Palestine)
68. Salameh Association (Palestine)
69. Secular Democratic State Group (Gaza, Palestine)
70. Union of Right of Return Committees (Syria)
71. Union of Women's Activity Centers, West Bank Refugee Camps (Palestine)
72. Union of Youth Activity Centers, Refugee Camps (Palestine)
73. Vanguard for the Popular Liberation War [Sa'iqa]
74. Women's Activity Centers (Gaza, Palestine)
75. Yaffa Charitable Fund (Jordan)
76. Yaffa Cultural Center (Balata Camp, Palestine)
77. Youth Assembly (Gaza, Palestine)
78. Youth Struggle Union (Lebanon)

Remerciements

L'accouchement de ce livre aurait été impossible sans le soutien de ma famille, de mes proches, ainsi que les contributions de quelques âmes attentives et bienveillantes rencontrées au gré du long et difficile périple que constitue la rédaction d'un ouvrage. À tous, je suis infiniment redevable, bien conscient que mon projet n'aurait pu aboutir sans leur regard extérieur, leurs conseils, leur patience et leur talent.

Mes remerciements vont tout d'abord à mon père et ma mère qui, sans fléchir, ont soutenu mon entreprise du début à la fin. Je sais que cela n'a pas été toujours facile. Je profite de cette occasion pour leur faire part de ma reconnaissance, de mon admiration et de mon amour. Un grand merci aussi à Gilo, dont l'enthousiasme et la disponibilité ont été une force entraînante. À Dima, qui est la plus belle et la plus intelligente des princesses. Je suis également redevable à Mark qui s'est comporté comme un frère depuis mon arrivée à la NSU jusqu'à ce jour. Son jugement et son expérience ont été d'un grand recours.

Mes pensées sont aussi dirigées vers ma « famille » de Jérusalem et Ramallah : Karim, Benjamin, Muzna et Jessye. Sans oublier Fuad. Ils ont été ma maison durant l'année d'Annapolis, leurs conseils m'ont aidé par la suite, et je suis heureux de les compter aujourd'hui près de moi, malgré l'éloignement physique. Je souhaite aux nouveaux venus, Jasper et Sari, deux rayons de soleil au cours d'une année 2008 bien sombre, tout le meilleur pour les années à venir. J'ai une pensée aussi toute particulière pour mes amis Séfy et Gali qui ont accompagné mes premiers pas en Terre sainte.

Mes remerciements les plus chaleureux aux « indéfectibles » qui se sont tous rendus disponibles avec des qualités et à des moments divers : Élise, Coco, Karim, Ben, Christian, Clémence, Ivoa, Laurie, Nadia et Véronique. Merci aussi à Sheraz de rester Sheraz, même loin. Et à Kiki de rester Kiki, malgré l'embourgeoisement... Dominique, Pascal, Nathalie, Gérard, Jacques, Anne-Claire, Régis et Jean-Jacques ont eu la patience de relire le manuscrit à différentes étapes de son élaboration et de me transmettre leurs conseils avisés. Qu'ils en soient vivement remerciés. Karima, Coline et Chloé, par leur dynamisme et leurs idées, ont également été précieuses. Tout autant qu'Amir, Tareq, Aurélie, Hortense, Brigitte et Marie et leurs utiles recommandations.

Je suis reconnaissant à mon éditeur, Max Milo, d'avoir cru en mon projet et à Philippe pour sa disponibilité et son travail sur les cartes.

Je ne peux oublier Bernard Joulie dont l'engagement, la mesure et la sagesse ont été une source d'inspiration depuis notre première rencontre.

Merci à Yasmin, mon amoureuse. Absente de mon récit mais accrochée à mon cœur, elle a eu la force – et la patience ! – de me soutenir dans mon entreprise. Elle fait de ma vie un feu d'artifice permanent.

Enfin, chapeau aux Sanbar d'être ce qu'ils sont.

Table des matières

Composition et mise en pages : FACOMPO, LISIEUX

Cet ouvrage a été achevé d'imprimer en septembre 2010
dans les ateliers de Normandie Roto Impression s.a.s.
61250 Lonrai
N° d'impression : 103118
Dépôt légal : septembre 2010

Imprimé en France